SOMMAIRE

PARTIE III
STRATÉGIES DE CROISSANCE ET INNOVATION

PARTIE IV

GESTION DES RESSOURCES ET DES PARTENAIRES

PARTIE V

DATA, INTELLIGENCE ARTIFICIELLE, CONFORMITÉ ET GESTION DE CRISES

Contenus complémentaires

Le milieu de la tech utilisant beaucoup d'anglicismes, nous avons cherché à rendre ce livre le plus compréhensible possible tout en collant à la réalité opérationnelle de nos métiers. C'est pourquoi nous vous invitons à vous appuyer sur ce glossaire en cas de besoin :

http://dunod.link/008eqq0

Des contenus bonus sont également disponibles sur le site de Tech-MarketingLeaders :

- Les rôles types dans une organisation marketing (chapitre 2)
- Développement et diffusion de la marque (chapitre 7)
- Le cas particulier de Bpifrance (chapitre 14)

http://dunod.link/291lykh

AUTEURS ET CONTRIBUTEURS

Les auteurs et contributeurs de cet ouvrage sont tous membres de Tech-MarketingLeaders, une communauté de CMO (Chief Marketing Officers) français issus de diverses start-up et licornes. Leur objectif principal est de partager et échanger leurs expériences entre pairs. TechMarketingLeaders, organisé sous le statut d'association loi 1901, regroupe plus de 150 CMO et Part-Time CMO de start-up, scale-up et licornes telles que Alan, Brut., Bulldozer, Contentsquare, Doctrine, iBanFirst, Figures, Hirondo, Le Collectionist, Livestorm, ManoMano, Memo Bank, PayFit, Pennylane, Pigment, Skillup et bien d'autres.

En savoir plus :

http://dunod.link/rvifep8

À propos des auteurs

Jordan Chenevier est le co-fondateur et CEO (Chief Executive Officer) de Bulldozer, expert en marketing et growth. Avec Bulldozer, il accompagne les PME et scale-up dans leurs défis de croissance, en proposant des équipes adaptées à leurs besoins pour agir sur tous les leviers de performance marketing et commerciale, et compte ainsi plus de 200 clients renommés tels qu'Aircall, Salesforce, Adecco.

Aurélie Fliedel a plus de 15 ans d'expérience en produit et marketing, dans des grands groupes et des start-up. Elle a rejoint Alan en 2020 en tant que CMO et joue un rôle central dans la stratégie marketing, le positionnement de la marque et la croissance d'Alan.

Yannig Roth est Part-Time CMO et fondateur de Hirondo, réseau international d'experts en marketing et stratégie. Il a notamment construit ou dirigé les fonctions marketing de Didomi, Driveco, WiSEED ou Ogury. Il est diplômé de l'ESSCA, titulaire d'un doctorat en marketing à l'Université Paris 1 Panthéon Sorbonne, et a rédigé de nombreux articles scientifiques et chapitres d'ouvrages collaboratifs.

Geoffrey Vion est un expert polyvalent en marketing et communication. Après 10 ans au sein du groupe Renault-Nissan, Geoffrey évolue dans l'univers des start-up tech (robotique humanoïde, SaaS). Geoffrey est VP Marketing EMEA et APJ au sein de la licorne française Contentsquare, ainsi que Marketing Advisor pour start-up.

Cet ouvrage a été coordonné et écrit par les auteurs ci-dessus. Plus de 30 membres de la communauté TechMarketingLeaders ont également participé à son écriture, en donnant généreusement de leur temps et de leur énergie pour partager leur expertise :

- Julie Asselin, VP Marketing chez 365Talents
- Patrice Barbesier, Marketing Advisor (ex-CMO de Partoo)
- Raphaëlle Béguinel, Head of Content and Communication chez Malt
- Priscilla Cavrois, Head of Marketing chez Memo Bank
- Selma Chauvin, CMO chez Skillup
- Thibaut Davoult, VP Growth Ops chez Livestorm
- Arnaud Delubac, CMO chez Greenly
- Romain Doutriaux, Head of Marketing chez Pigment
- Hélène Draoulec, CMO chez Phenix
- Gaëlle Dumur, Part-Time CMO et CEO d'A2Marketing
- Marilyne Dupuy, CMO chez Napta
- Mégane Gateau, VP Marketing chez Figures
- Joël Gaudeul, VP Marketing chez Swan et fondateur de Ramp Up Consulting
- Amandine Grémont-Moreau, Part-Time CMO, ex-Libeo, ex-iBanFirst
- Eliott Guérin, VP Marketing chez Skello
- Emmanuelle Benoliel Kleinmann, Co-fondatrice et CEO chez UnlockM et CMO chez PayFit
- Roxane Labat, Head of Performance Marketing et SEO chez ManoMano
- Guillaume Laguette, CRO chez echOpen
- Gaëlle Le Goff, Part-Time CMO
- Jolhane Leite, Co-fondateur chez UnlockM et Part-Time CMO
- Isabelle Lejeune, CMO chez Joko
- Elsa Magadoux, Directrice Marketing et Commerciale chez Brut.
- Olivier Milcent, Chief Sales and Marketing Officer chez DeepReach
- Camille Moreau, CMO chez LittleBig Connection
- Agnes Mossina, CMO chez Le Collectionist
- Morgane Mouly, CMO chez Sport Heroes
- David Remaud, CMO chez iBanFirst
- Aude Romelly, Part-Time CMO et Executive Coach
- Melissa Sanchot, Chief Marketing and Development Officer chez HelloAsso
- Amélie Seguret, Directrice Développement chez Le Drive tout nu
- Simone Sfeir, SVP Strategic Partnerships et Partner chez Frenchfounders
- Leslie Tedgui, VP Marketing chez CoachHub
- Vincent Villaret, CEO et co-fondateur d'IMPACT+
- Antoine Yahia-Cherif, Global Marketing Strategy chez Decathlon et Part-Time CMO
- Carole Zibi, VP Marketing chez Plan A et professeur à Sciences Po

PRÉFACE

Jean-Baptiste Sciandra, CEO chez Shine

■ Lettre d'amour au marketing et aux CMO

Demandez à quelqu'un dans la rue ce qu'est le marketing et il vous répondra probablement : organiser des salons, concevoir l'emballage des paquets de céréales, créer des flyers et des brochures, rédiger des communiqués de presse, publier sur Instagram et LinkedIn.

Maintenant, posez la même question à un professionnel du marketing et vous obtiendrez une réponse tout à fait différente : positionnement sur le marché, proposition de valeur et message, stratégie de pricing et de distribution.

Là où le non-marketeur voit des actions, nous voyons la stratégie sous-jacente qui les justifie. Le marketing, souvent incompris, existe pour une raison fondamentale : faire en sorte que le produit ou le service rencontre son marché. Et pas n'importe comment : cette rencontre doit être belle, durable et bénéfique pour les deux parties.

Le marketing, le vrai, c'est avant tout l'art de définir les fondations stratégiques de l'entreprise. C'est répondre à des questions cruciales telles que :

- À qui s'adresse réellement notre produit ou service ? Quelle population sera la plus à même de l'adopter, de le préférer et d'en parler ?
- Quelle est la véritable valeur ajoutée de mon produit par rapport au statu quo ? Quelles fonctionnalités captent l'attention et, surtout, lesquelles sont réellement utilisées ?
- Quels mots et quels messages dois-je employer pour que cette valeur soit perçue instantanément ?
- Comment me positionner face à mes concurrents, non seulement en termes d'image mais aussi de prix ?
- Quels canaux de distribution seront les plus efficaces, tant en termes de cibles que de communication ?

Dans la tech, même les entreprises les plus établies sont souvent en mode survie. Chaque jour est une remise en question : modèle de distribution, offre, pricing, tout est en perpétuelle évolution. Contrairement aux entreprises traditionnelles, les entreprises tech n'ont pas l'historique, ni la maturité d'une marque bien ancrée dans les habitudes des consommateurs. Si Decathlon rate ses lancements de produits pendant un an, il survivra. Les clients continueront de fréquenter leurs magasins et d'acheter leurs produits. Mais si une entreprise tech rate le lancement d'une fonctionnalité clé, les chances qu'un concurrent réagisse plus vite sont grandes, et les conséquences peuvent être désastreuses. Dans notre monde, les habitudes ne sont jamais figées.

Ainsi, dans les start-up, travailler sur sa stratégie marketing n'est pas un exercice ponctuel ; c'est un processus itératif et continu. C'est littéralement une question existentielle. Le marketing devient la boussole qui guide les entreprises à travers ce mode de survie permanent.

Ce n'est d'ailleurs pas un hasard si la plupart des CEO de start-up passent un temps considérable sur les sujets marketing dès le début, et conservent cette sensibilité tout au long de leur parcours.

À ce titre, mon parcours marketing aurait pu être limitant dans une entreprise non-tech, mais lorsque les fondateurs de Shine ont décidé de passer le relais, faire monter le CMO en tant que CEO était une décision assez naturelle pour eux et pour nos actionnaires. Le positionnement central de l'équipe marketing chez Shine a joué en ma faveur.

Cependant, trop de directeurs marketing se considèrent encore comme des spécialistes plutôt que comme des généralistes stratégiques, capables d'influencer l'ensemble de l'entreprise. Trop souvent, dans les entreprises tech, les CMO se cantonnent à un rôle de support – surtout pour les équipes commerciales dans le BtoB.

C'est au CMO de se mettre au centre de l'organisation, comme les directions marketing des marques de grande consommation ont réussi à le faire. La nouvelle garde, dont les membres de TechMarketingLeaders, montre le chemin.

Les meilleurs CMO de la tech française se sont réunis dans ce livre pour donner leur vision du marketing et leurs méthodes de travail. Comme vous pourrez le constater, leur expertise couvre un large panel de sujets clés des entreprises, mais elle ne fait pas pour autant l'économie de la profondeur technique.

Le marketing est bien trop noble et stratégique pour ne pas être une fonction centrale au sein d'une entreprise tech.

AVANT-PROPOS

Emmanuelle Benoliel Kleinmann,
Co-fondatrice et CEO chez UnlockM et CMO chez PayFit

Le CMO doit être omniscient, il doit tout savoir. De la growth au product marketing en passant par la data, du management d'équipe aux discussions avec le board, on nous demande d'être un mouton à 5 pattes et d'avoir un éventail de compétences hyper large.

Spoiler : ce n'est pas possible.

Que ce soit une évolution en interne ou une évolution dans une autre entreprise, la prise de poste du CMO peut être sportive. Des sentiments antagonistes apparaissent, on se pose 1000 questions, on doute de nos compétences, on n'est pas sûr d'être à notre place, on a envie de se cacher et c'est tout à fait normal.

Une équipe bien installée est souvent en place, avec ses habitudes, ses façons de travailler, ses métriques, et on doit arriver à optimiser l'existant, le remettre en question, tout en donnant confiance à notre équipe. Mais en même temps, il faut des résultats rapides pour justifier notre place auprès de la direction.

Aussi important que les compétences techniques, le relationnel est indispensable pour prendre en main ce rôle. Je vous vois me regarder avec des gros yeux ! Pas de panique, ça se fait bien et on passe tous par la même phase.

Quand j'ai pris mon rôle de CMO chez Aircall ou encore chez PayFit, j'ai douté, j'ai eu peur, j'ai dû faire des changements drastiques, j'ai dû montrer et prouver qu'on pouvait être une femme, une mère, une marketeuse française et tout de même réussir dans une entreprise internationale, j'ai dû prouver que j'avais ma place autour de la table tout autant que les autres.

Premier board, premier exercice budgétaire complet (et pas uniquement avec une orientation revenu), premières discussions sur la taille des effectifs et le nombre de contributeurs individuels par manager, premières justifications de nos datas au CEO, première ouverture de pays solo, première gestion de crise (puis 2e, 3e…), premier plan Go-To-Market en binôme avec le Chief Sales Officer, plus de boss pour nous soutenir en cas de problème… C'est parti pour le florilège des premières fois, et donc des doutes et des peurs !

Personnellement, j'ai eu énormément de moments de solitude, je me suis remise en question, j'ai dû prendre des décisions difficiles, mais qu'est-ce que j'ai appris et qu'est-ce que je me suis éclatée, c'est incroyable.

N'oublions pas qu'être CMO, c'est aussi un travail d'évangélisation du marketing en interne. Si vous maîtrisez votre sujet, vous devrez l'expliquer simplement et éduquer autour de vous pour vous créer votre place. Ce sera LA clé de votre succès. Personne ne vous la donnera, mais vous apprendrez énormément et l'aventure humaine sera exceptionnelle.

Dans toutes ces difficultés, pour apprendre mon job en avançant, le plus grand soutien s'est fait dans la communauté des TechMarketingLeaders. Pourquoi?

Simplement car je n'étais plus seule, j'étais entourée de personnes qui vivaient exactement la même chose que moi, qui galéraient tout autant que moi et qui s'entraidaient au quotidien. On a appris et évolué tous ensemble, on s'est conseillés quand on avait des doutes, on s'est recommandés des bons contacts pour gagner du temps.

Je n'aurais pas pu y arriver seule, et c'est OK! Ce n'est pas grave de ne pas être un guerrier, ce n'est pas grave de ne pas tout savoir, ce n'est pas grave de craquer face aux décisions difficiles, ce n'est pas grave d'avoir du mal à se faire sa place, c'est HUMAIN!

Alors comment on s'en sort dans ce monde de brutes? Comment on arrive à sortir notre épingle du jeu ou juste à survivre et se faire notre place? Comment on sait par où commencer et quoi faire pour simplement faire notre job?

Le PARTAGE est au cœur de notre rôle de CMO, c'est donc la solution et la clé de votre succès.

Dans ce livre, plus de 30 leaders marketing de la tech vous ouvrent les portes de leurs expériences, leurs histoires et leurs méthodes pour vous aider à gagner du temps, à comprendre les problématiques qu'on rencontre et comment les affronter. Vous allez gagner des années!

INTRODUCTION

Romain Roulleau, Chief Marketing, Digital and Customer Officer chez Castorama – Kingfisher

Aurélie Fliedel, Fondatrice et Présidente de TechMarketingLeaders et CMO chez Alan

La solitude du manager est une réalité. Pris en étau entre objectifs business à atteindre, projets opérationnels, problématiques humaines et bien-être de son équipe, le manager se doit d'être polyvalent et sur tous les fronts. TechMarketingLeaders est né de ce désir de résoudre cette équation, complexe mais loin d'être insoluble.

TechMarketingLeaders est une association à but non lucratif, créée en 2020, pour rapprocher les directeurs marketing d'entreprises tech et leur permettre d'échanger, de demander conseil et de partager leurs retours d'expériences, entre pairs. Bref, de ne pas être seuls.

Comment les meilleurs Chief Marketing Officers de la tech ont-ils réussi à passer à l'échelle et à internationaliser leurs équipes ? Comment ont-ils innové, chacun dans leur domaine de prédilection ?

Répondre à ces questions, c'est le but de TechMarketingLeaders. Comptant aujourd'hui près de 150 membres, la communauté tire sa force de sa grande homogénéité et de la qualité de ses membres. Au fil des discussions, nous avons pris conscience de l'unicité et de la profondeur de nos échanges, et nous avons donc décidé d'en faire un livre.

Ce livre, Geoffrey Vion en a eu l'idée, Yannig Roth et Jordan Chenevier en avaient aussi l'envie, et je me suis vite ralliée au projet. Un projet qui a rapidement embarqué une trentaine de membres de TechMarketingLeaders, qui ont contribué à l'écriture d'un ou plusieurs contenus.

Il balaie l'ensemble des domaines qui constituent le quotidien d'un Chief Marketing Officer en start-up ou licorne : l'équipe et l'organisation, la marque, l'acquisition, l'internationalisation, la data, la gestion de crises... Dans chaque chapitre, nous tentons de capturer ce qui fait notre unicité : nos échecs, nos réussites ; autrement dit, notre expérience.

Ce livre s'adresse aux marketeurs qui aspirent à devenir Chief Marketing Officers et veulent apprendre des meilleurs, à tous les dirigeants qui veulent améliorer leur compréhension du marketing et à tous les marketeurs qui souhaitent comprendre comment fonctionne le marketing dans la tech.

Pour illustrer mon propos sur le rôle du marketing, j'ai échangé avec Romain Roulleau, Chief Marketing, Digital and Customer Officer chez Castorama – Kingfisher :

Aurélie : Pour vous, quelles sont les différences fondamentales entre le marketing tel qu'on le pratique dans un grand groupe et le marketing dans une start-up ?

Romain : Il y a deux éléments qui différencient le marketing en start-up et le marketing dans un grand groupe, et en particulier dans un grand groupe B2C. D'abord, c'est la taille des moyens. Cela paraît évident : le scope des sollicitations et des opportunités est beaucoup plus large. Pour autant, un grand groupe est beaucoup plus exposé et ses prises de parole sont beaucoup plus risquées. Un grand groupe a, par définition, une aversion au risque et à des prises de position trop tranchées. Par exemple, quand on a lancé les campagnes de publicité en utilisant le castor (dans la première publicité de 2021, un homme se transforme progressivement en castor, à force de bricoler), l'utilisation d'une mascotte était une grosse prise de risque et il a fallu rassurer en interne.

Aurélie : Castorama est avant-gardiste sur bien des sujets, comme l'utilisation de la data et l'intelligence artificielle. Quels sont vos conseils pour intégrer l'innovation dans le marketing ?

Romain : Il y a 40 ans, on disait d'un directeur marketing qu'il devait être un fin communicant. Et on avait souvent des profils de très bons « pubards ». Pour moi, le rôle d'un directeur marketing aujourd'hui, c'est d'avoir une expérience dans le digital et la data, et d'être en connexion avec l'écosystème tech. C'est ce qui lui permet, dans la mesure du possible, d'avoir le bon niveau de connaissance pour avoir un regard critique sur les différentes solutions et innovations, et creuser celles qui ont du potentiel. Aujourd'hui, je travaille avec une vingtaine de start-up. Il y a un an, quand j'ai enclenché HelloCasto, notre assistant piloté par l'intelligence artificielle pour répondre à toutes les questions des consommateurs, j'avais le sentiment qu'un truc énorme était en train d'arriver. J'ai réfléchi à qui allait m'accompagner pour lancer un test, qui en même temps pouvait avoir de l'impact, sans demander trop de moyens.

Aurélie : Quand on est CMO dans un grand groupe, est-ce que l'on s'inspire des entreprises de la tech et des start-up ?

Romain : On s'inspire de l'agilité des start-up et des scale-up, mais on en est qu'au début. Je regarde surtout le type d'approche et la démarche des start-up et des boîtes de la tech. Par exemple, je travaille avec une start-up qui évalue les SKU (Stock Keeping Units) et les volumes de vente par marchand et par référence sur toutes les grosses marketplaces. Aujourd'hui, on a toutes les données de vente d'Amazon par vendeur et par produit. On va donc analyser ces données quand on veut développer une sous-catégorie sur la marketplace. C'est typiquement une pratique issue des pure players, qu'on a mise en place très rapidement chez Kingfisher.

À l'instar de cet échange avec Romain Roulleau, ce livre se veut ouvert et participatif. Il expose un certain nombre de concepts indispensables pour faire du marketing un facteur clé de succès d'une start-up ou d'une scale-up. Il est avant tout le commencement d'un dialogue, avec vous tous, passionnés de marketing.

PARTIE I

FONDATIONS MARKETING DANS LES START-UP ET SCALE-UP TECH

CHAPITRE 1

Qu'est-ce que le marketing dans une start-up ou une scale-up ?

Aurélie Fliedel, CMO chez Alan

« Pas besoin de marketing, quand le produit est bon, il se vend tout seul. »

« Le marketing, c'est un truc de grosse boîte. »

C'est une idée reçue assez persistante que les entreprises tech et produit en forte croissance, les start-up et scale-up, pourraient se passer de marketing.

La réalité est bien différente : aller chercher des entreprises en dehors de son marché historique, signer des entreprises de plus en plus grandes, créer une communauté de clients engagés, asseoir la notoriété et la légitimité de la marque... Pour toutes ces raisons, les start-up, scale-up et licornes ne peuvent se passer de marketing.

Mais avant tout, c'est quoi le marketing ?

La mission principale du marketing est de connecter notre mission, notre produit et nos clients. Autrement dit, il s'agit de :

- faire comprendre à nos prospects et clients les problèmes auxquels ils sont confrontés, qu'ils en soient conscients ou non ;
- cultiver un désir pour notre marque, en suscitant l'intérêt pour nos solutions répondant à ces problèmes ;
- raconter la meilleure histoire, expliquant comment notre produit aide à résoudre ces problèmes ;
- définir le prix le plus juste possible, reflétant la valeur du produit et tenant compte du marché et des consommateurs/clients ;
- s'assurer que notre produit est distribué de la meilleure façon possible, par exemple par le soutien de l'équipe commerciale, en libre-service sur le site internet ou via des partenaires ;
- expliquer très clairement notre différenciation par rapport à la concurrence et montrer chaque jour à quel point notre produit est supérieur ;
- démontrer la valeur créée pour nos consommateurs et clients et faire en sorte qu'ils ne veuillent jamais nous quitter.

Les start-up, scale-up et licornes ont-elles adapté, voire réinventé le marketing ?

Nous évoluons dans un paysage en constante mutation :

- contexte économique difficile : les levées de fonds se sont faites plus rares ces dernières années et l'écosystème tech a dû s'adapter à ce nouveau contexte économique et ajuster ses tactiques marketing ;
- évolution des attentes des consommateurs, à la recherche de plus d'authenticité ;
- évolution de la société, avec une recrudescence des modes de travail hybrides qui induisent de nouveaux modes de consommation ;
- essor de l'intelligence artificielle (IA) qui bouleverse les méthodes de travail et élargit considérablement les possibilités créatives.

Dans ce contexte mouvant, les start-up et scale-up jouent sur trois dimensions où elles excellent pour sortir leur épingle du jeu, et battre les acteurs historiques sur leur propre terrain.

Produit et innovation

C'est leur ADN. Les start-up et scale-up alignent les objectifs produit, marketing et business en mettant un accent fort sur la mise sur le marché de nouvelles idées, de nouveaux produits et de nouvelles technologies.

Elles sont souvent dans une problématique de création de marché, là où les grands groupes sont plutôt dans une dynamique de gain de parts de marché, ce qui change la perspective. Elles visent constamment l'innovation.

Une des valeurs clés d'Alan, partenaire santé qui propose à chacun une assurance santé et des services pour agir sur sa santé physique et mentale, est « *members first* » (« les membres en premier »). Alan a ainsi toujours mis au centre de son produit l'innovation pour proposer la meilleure expérience possible pour ses utilisateurs, rendre l'accès à la santé plus simple et changer les habitudes de consommation (par exemple : essayer et commander ses lunettes en ligne ou parler avec un médecin en ligne au lieu d'aller aux urgences). C'est ainsi que l'on se démarque de nos concurrents et crée une nouvelle catégorie sur le marché, remplaçant la traditionnelle assurance par un partenaire santé.

Vitesse d'exécution et adaptation

Les start-up et scale-up ont utilisé leurs organisations agiles pour se libérer des plans à 12-18 mois. Elles privilégient des approches innovantes, plus réactives, en fonction des évolutions du marché.

Alan a ainsi déployé en quelques semaines, début 2024, une nouvelle stratégie marketing pour tirer parti de l'intérêt grandissant de toutes les entreprises pour l'IA.

Alan a toujours été à la pointe de l'innovation en termes d'IA et s'est positionné très tôt sur le sujet, en l'utilisant dans son produit, en infléchissant ses méthodes de travail, et en investissant dans Mistral, le leader européen de l'IA générative (concurrent de ChatGPT).

Pas besoin de grand plan marketing stratégique. Il faut savoir être là au bon moment, agir vite et réagir aux tendances en temps réel. En l'occurrence, en 2024, toutes les grandes entreprises françaises réalisent qu'elles ne peuvent pas passer à côté de l'IA, mais ne savent pas nécessairement par quel bout prendre le sujet.

Profitant de son avance, Alan s'est employé à créer des relations avec l'ensemble de l'écosystème et des grandes entreprises françaises sur le sujet de l'IA, avec un narratif propriétaire fort, en organisant des ateliers de travail sur l'IA et des événements.

Utilisation systématique des données

La data est le nerf de la guerre. Dans les start-up et scale-up déjà très orientées data, le marketing n'a pas échappé à la règle.

Pour avoir accès à un maximum de données, pour simplifier les processus et pour rendre les équipes marketing les plus autonomes possibles, les start-up et scale-up se sont également distinguées par la mise en place d'outils dédiés : soit en développant leurs propres outils (par exemple, un outil d'envoi d'e-mails), soit en intégrant rapidement des outils du marché.

> Plusieurs membres de la communauté TechMarketingLeaders utilisent Customer.io comme outil d'envoi d'e-mails et de newsletters, et des Content Management Systems (CMS) tels que Webflow ou Prismic qui permettent à l'équipe marketing d'avoir la main sur les pages de leur site web ou de leur blog.

Avis d'expert

Romain Doutriaux, Head of Marketing chez Pigment

Quand une start-up ou scale-up commence à s'inquiéter de son marketing sérieusement (i.e. qu'elle ne cherche plus du marketing uniquement pour imprimer des t-shirts ou gérer la logistique d'un événement), c'est souvent qu'elle a épuisé ses premiers canaux de génération de leads pour les commerciaux. Les fondateurs ont épuisé leurs réseaux et la dynamique outbound qu'ils ont lancée a atteint un plateau... Il faut donc trouver de nouvelles forces pour grandir à l'échelle et le marketing est le candidat le plus logique pour cela. Pourquoi ? Car à la différence des deux canaux cités au-dessus, le marketing va créer une machine récurrente qui :

- va rendre les autres canaux plus performants en accélérant la notoriété de l'entreprise et donc faciliter le bouche-à-oreille et les dynamiques d'outbound ;
- va créer sa propre dynamique de de génération de pipeline (les prospects intéressés qui seront contactés par les commerciaux) à travers les canaux qui lui sont propres (trafic payant, trafic organique, événements...).

Un bon département marketing, et de surcroît, un bon leader marketing, aura donc toujours à cœur de servir les autres départements du Go-To-Market en facilitant leur succès, tout en bâtissant sa propre réussite.

Avis d'expert

Jordan Chenevier, CEO chez Bulldozer

David Ogilvy, figure emblématique de la publicité moderne, soulignait déjà l'importance de la data dans les années 1960. Dans *Confessions of an Advertising Man* (1963), il affirmait : « Les publicitaires qui ignorent la recherche sont aussi dangereux que les généraux qui négligent le décryptage des signaux ennemis. » Il insistait également sur l'importance de mesurer la performance : « *Never stop testing, and your advertising will never stop improving.* » L'essor du digital n'a fait que raviver et faciliter une pratique qui, bien que temporairement délaissée, a toujours été au cœur du marketing traditionnel. Et je pense qu'il est temps pour tous les marketeurs de renouer avec cet « héritage ».

C'est avant tout en révolutionnant la manière de travailler que les start-up, scale-up et licornes ont réinventé le marketing.

En créant des organisations agiles et des équipes pluridisciplinaires transverses (quels que soient leurs noms : « squads » de Spotify, « crews » d'Alan), les start-up et scale-up ont permis de créer des synergies entre toutes les fonctions de l'entreprise pour délivrer le meilleur produit possible.

On me demande souvent comment réussir un parcours de souscription ou d'achat en ligne. Le sujet est épineux, entre objectifs business, contraintes techniques (mise en place et optimisation du site internet et de sa performance), réflexion produit (définir et optimiser les tunnels de conversion, identifier les points de blocage pour les utilisateurs, travailler l'interface utilisateur et le design) et travail marketing (définir la bonne proposition de valeur en fonction des utilisateurs, créer les bons messages de manière cohérente tout au long du parcours).

De mon expérience, la solution réside dans une petite équipe transverse de 5-6 personnes regroupant toutes les compétences (produit, technique, marketing, design, data), autonomes et responsables de l'atteinte de l'objectif business.

CHAPITRE 2

Comment construire et structurer la bonne équipe marketing

Camille Moreau, CMO chez LittleBig Connection
Leslie Tedgui, VP Marketing chez CoachHub

Dans un contexte de croissance rapide et d'innovation, la vision est le socle sur lequel repose la performance d'une équipe marketing. Bâtir une équipe marketing ne se résume pas à aligner des compétences techniques, mais à façonner un collectif inspiré par une vision et des objectifs communs, et à trouver la bonne organisation pour créer ces petites étincelles qui font toute la différence : celles de la créativité, de la collaboration, ou encore de la résilience.

Construire la bonne organisation marketing

Pour bâtir une équipe marketing efficace, il est crucial d'avoir une compréhension claire de la vision à long terme et des objectifs stratégiques de votre entreprise. Vous en déduirez votre propre vision marketing et des objectifs marketing concrets, qui guideront la constitution de votre équipe. Par exemple, si la priorité consiste à augmenter la notoriété de votre marque, vous allez privilégier des profils spécialisés en branding, relations publiques et content marketing. À l'inverse, si l'urgence est l'acquisition de nouveaux clients, vos premiers recrutements seront certainement des profils spécialisés en growth et lead generation.

Il est également important de tenir compte de la taille et du stade de développement de votre entreprise. Dans une start-up de moins de 200 personnes, l'organisation est souvent plate. Le CMO gère des profils généralistes, avec entre 1 et 5 collaborateurs sous sa responsabilité. En scale-up et dans les entreprises en pleine croissance, il peut devenir nécessaire d'ajouter un premier niveau de management (on recommande en principe un manager pour 6 à 8 personnes).

> En moyenne, l'équipe marketing représente entre 10 % et 20 % des effectifs globaux : cela varie en fonction du type d'entreprise, de son stade de maturité et de son budget.

Le budget est un facteur déterminant pour structurer votre équipe. Plus il est limité, plus votre équipe marketing sera restreinte, polyvalente et junior. Les jeunes start-up avec peu de budget ont ainsi souvent recours à des stagiaires, des alternants ou des profils très juniors. Avec un budget plus conséquent, vous aurez la capacité de recruter des spécialistes, diversifier les compétences et ajouter de la séniorité. Nous ne pouvons que vous conseiller de recruter dès que possible des profils plus expérimentés pour garantir la qualité des analyses et des stratégies.

Si vos ressources sont limitées, n'hésitez pas à vous montrer créatif pour mobiliser temporairement d'autres départements. Par exemple, y a-t-il déjà des graphistes dans l'équipe produit qui pourraient dédier un peu de temps à la réalisation de vos visuels ? L'équipe tech peut-elle vous donner un coup de main sur la gestion de votre site vitrine ? Y a-t-il un département « opérations » (Ops) qui peut vous accompagner sur le tracking, l'analyse et la gestion de votre performance ? Sollicitez de l'aide en attendant d'obtenir plus de budget pour recruter.

Trouver votre organisation idéale

Une fois les besoins et ressources de l'entreprise identifiés, il est temps de passer à la structuration de votre équipe. Il existe différents modèles d'organisation : ce sont vos enjeux et vos contraintes internes qui orienteront votre choix, qui sera sûrement amené à évoluer dans le temps, au fil de la croissance de votre entreprise et de ses potentiels changements de cap. Nous pouvons évoquer ici 4 modes d'organisation.

Organisation par expertise

Dans une équipe marketing organisée par expertise, les collaborateurs sont regroupés en fonction de leurs compétences marketing spécifiques. Cette organisation convient particulièrement aux entreprises ayant une cible unique : par exemple, une entreprise vendant un service qui s'adresse uniquement aux CFO (Chief Financial Officers) et aux équipes finance. L'ICP (« Ideal Customer Profile » ou « profil de client idéal ») est clairement identifié et tous les efforts de l'équipe sont concentrés sur lui.

EXEMPLE D'UNE ORGANISATION PAR EXPERTISE POUR UNE ENTREPRISE B2B

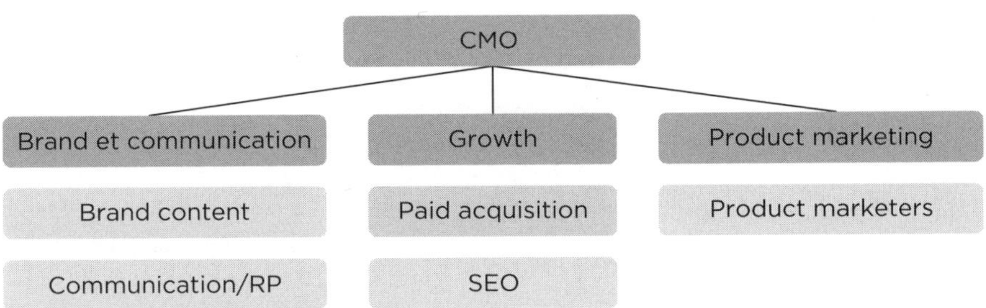

Organisation par cible

L'organisation par cible est particulièrement adaptée aux entreprises ayant des cibles B2B et B2C. Prenons l'exemple d'une entreprise proposant des logiciels éducatifs pour enfants. Elle pourra avoir comme cible à la fois des écoles cherchant à équiper leurs professeurs (cible 1), mais aussi des parents souhaitant accompagner et soutenir leurs enfants dans leur scolarité (cible 2). Dans ce cas, on constate qu'il y a deux ICP très différents, qui ne seront pas sensibles aux mêmes stratégies marketing. Une organisation par cible, qui structure l'équipe en fonction du client final, aura alors beaucoup plus de sens. Chaque branche d'experts fonctionnera donc comme une petite équipe marketing indépendante.

EXEMPLE D'UNE ORGANISATION PAR CIBLE

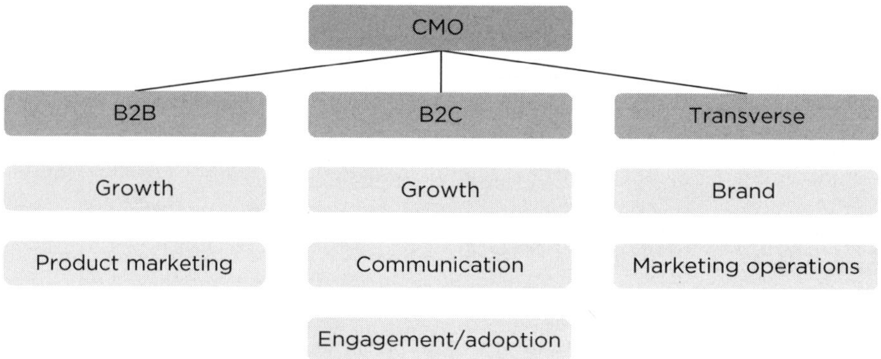

Organisation par pays

Nous détaillerons cette organisation un peu plus tard dans ce chapitre, elle consiste à structurer l'équipe en fonction des marchés géographiques. Elle est particulièrement pertinente pour les entreprises internationales.

EXEMPLE D'UNE ORGANISATION PAR PAYS

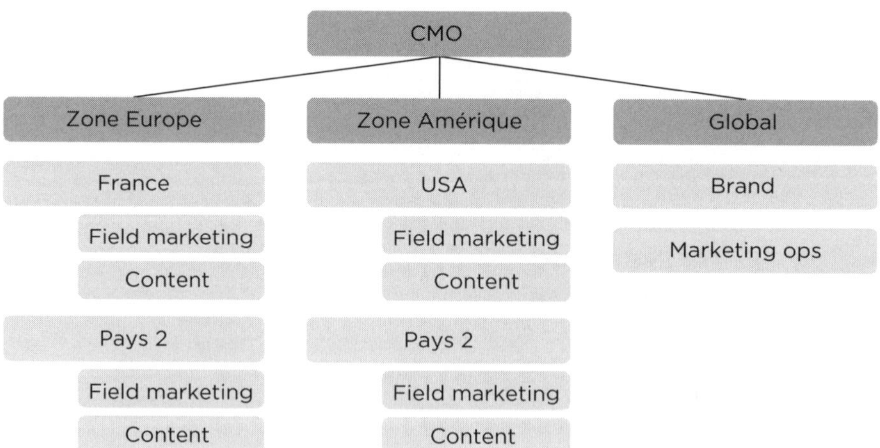

Organisation hybride

De nombreux CMO choisissent une organisation hybride, qui combine les avantages des différents modèles ci-dessus en évitant leurs inconvénients. Elle peut inclure des équipes spécialisées par expertise et par cible. Elle conviendra aux entreprises plus matures car elle nécessite une masse critique de collaborateurs.

Vous l'aurez compris, l'organisation parfaite n'existe pas. Il s'agit de construire le meilleur modèle possible pour les besoins de votre entreprise à un instant T.

Faire ou acheter ?

La meilleure option peut parfois être de faire appel à des freelances ou des agences. Idéale pour des projets ou des besoins spécifiques, cette solution permet de tester avant de recruter. Des projets tels que le tournage d'une vidéo, la refonte d'un site web, un rebranding, une campagne d'affichage, etc. s'accommodent très bien d'un prestataire court terme, même s'il reste indispensable d'avoir un chef de projet en interne.

Cette option nécessite du lâcher prise – on a moins de contrôle sur le travail effectué –, ainsi qu'un budget dédié. À long terme, le recours à des prestataires externes peut coûter plus cher qu'un recrutement.

Définir les rôles et les responsabilités

Maintenant que vous avez défini votre organisation cible, alignée avec les besoins de l'entreprise, place à la composition des rôles de votre équipe ! Pour avoir le détail des principaux rôles classiques que l'on retrouve dans une organisation marketing B2B et B2C, flashez le QR code page 6.

Voici trois clés pour définir la meilleure organisation marketing :

- La bonne personne au bon moment : vous devrez régulièrement projeter votre organisation et vos besoins futurs à plusieurs mois, en anticipant la croissance et les défis de votre entreprise. Le temps du recrutement, de l'arrivée et de l'onboarding est long, tenez-vous prêt !
- À mesure que votre équipe grandit et se séniorise, vos responsables d'équipe seront des piliers indispensables. Une clé de la réussite pour scaler sera de bien les choisir, de les former… et de déléguer !
- Les nouvelles technologies, telles que l'intelligence artificielle, le machine learning et l'analyse du big data, jouent un rôle clé dans l'évolution des stratégies marketing. S'adapter constamment à ces évolutions et les intégrer au sein de son organisation est essentiel pour rester compétitif et pertinent.

Comment structurer votre équipe marketing pour un lancement à l'international ?

L'internationalisation est une étape clé dans la croissance d'une entreprise. Pour une équipe marketing, c'est également une phase charnière, et le début d'un certain nombre de défis ! Comment lancer des campagnes locales efficaces dans plusieurs pays ? Comment organiser les équipes de manière efficace ?

La clé du succès repose sur 3 piliers : une préparation minutieuse, un recrutement stratégique et une structuration efficace de l'équipe.

Étape 1 : lancer son équipe marketing à l'international, ça se prépare !

L'internationalisation ne se résume pas à déployer la même stratégie dans différents pays. Chaque marché a ses spécificités culturelles et attentes uniques. Il est crucial d'adopter une approche sur mesure pour chaque marché cible. Considérez l'internationalisation comme une série de stratégies marketing adaptées à chaque marché, plutôt qu'une étape unique.

■ Choisir le bon timing pour le lancement

Faut-il lancer les premières campagnes en phase de démarrage, ou bien attendre la phase de scale du pays d'origine avec une croissance régulière et soutenue ?

Il n'y a pas une bonne réponse, cela dépend de vos objectifs :
- early stage : permet de tester le marché, avec des investissements faibles, et de diversifier rapidement vos sources de revenus ;
- phase de scale : permet d'avoir des ressources et investissements plus importants, avec un produit plus installé.

■ La transition vers l'anglais

On sous-estime souvent la transition vers l'anglais, et pourtant il est fréquent d'avoir des résistances en interne quand les habitudes confortables de sa langue d'origine sont bien installées ! Cette préparation s'anticipe avant même l'arrivée des premières ressources locales pour prendre de bonnes habitudes, en imposant par exemple l'anglais pendant vos réunions d'équipe, pour toute la documentation et les échanges dans votre messagerie d'entreprise, etc. Le but est que les responsables marketing locaux qui vont arriver soient le moins isolés possible.

Étape 2 : recruter son équipe marketing pour l'internationalisation

Le recrutement est une étape clé pour réussir l'internationalisation de ses activités marketing. Les premiers membres de l'équipe marketing joueront un rôle déterminant dans la mise en place et le succès des stratégies marketing locales.

■ Quel profil privilégier pour vos premiers Field Marketing Managers ?

Nous vous conseillons de recruter des personnes locales, qui ont une parfaite connaissance de la culture et du marché de votre pays cible. Si la personne parle en plus français, c'est bien sûr un plus pour son intégration mais cela ne devrait pas être une priorité dans votre scorecard.

Ces premiers recrutements doivent être des couteaux suisses, capables aussi bien de travailler sur le contenu, les réseaux sociaux, l'événementiel, etc. Il est aussi fréquent que le premier Field Marketing Manager soit chargé d'un certain nombre de tâches annexes au marketing à son arrivée, comme la traduction de la plateforme, la mise en conformité avec le juridique, etc.

Vous devrez aussi trouver des profils très autonomes et capables de s'adapter rapidement. Dernier critère : une grande résilience. Il en faut une bonne dose quand on est Field Marketing Manager, car toute l'organisation ne va pas changer en un jour vers le lancement de ces nouvelles activités !

■ Où localiser votre équipe ?

Avant même de lancer les premiers recrutements, décidez de sa localisation géographique. À côté de vous, tous dans un bureau unique ou bien chacun dans son pays d'activité ? Ici non plus, il n'y a pas une réponse unique. Voici quelques pistes pour éclairer votre choix :

- **Centralisation :**
  - avantages : cohérence de la culture d'entreprise, communication simplifiée, synergie et collaboration plus faciles ;
  - inconvénients : moins de proximité avec les marchés locaux, coûts de déplacement élevés pour des missions locales, coordination plus compliquée s'il y a des équipes business locales.
- **Recrutement local dans chaque pays :**
  - avantages : connaissance approfondie du marché local, réactivité et adaptation rapide, accès direct à un réseau à proximité avec les équipes business locales ;
  - inconvénients : plus de défis en termes de synchronisation et d'esprit d'équipe, cohérence des messages, délais d'adaptation potentiellement plus élevés.

Étape 3 : structurer son équipe marketing

En préparation du recrutement de vos premiers Field Marketing Managers, vous devrez clarifier les rôles de chacun et les liens avec l'équipe globale. Les frictions peuvent arriver rapidement (il y en aura forcément !), autant essayer de tout clarifier le plus possible en amont pour les éviter au maximum.

Étape 4 : itérer !

Une fois vos premiers Field Marketing Managers en place, soyez attentif aux points de blocage et réagissez rapidement. Testez vos stratégies : si cela fonctionne tant mieux, si cela ne fonctionne pas, pivotez rapidement ! La flexibilité sera la clé de votre réussite.

N'hésitez pas à chercher des retours d'expériences auprès de votre réseau et d'autres professionnels qui ont connu ces mêmes défis. Cela pourra vous faire gagner un temps précieux !

Avis d'expert

Aurélie Fliedel, CMO chez Alan

Comme je le disais dans le premier chapitre, en tant que marketeurs, notre objectif ultime en B2B est de connecter ce que le produit fait et ce que les sales vendent. Lorsque le produit résout les véritables problèmes des clients, les sales n'ont pas besoin de « survendre » le produit et les clients sont satisfaits (le produit qu'ils ont acheté est excellent, et correspond à ce qu'on leur a vendu). En théorie, on pourrait dire que l'on n'a pas besoin de product marketing : les sales savent vendre, les product managers connaissent leur travail.

Cependant, la réalité est plus complexe. À mesure que nous évoluons, le niveau de sophistication de notre produit et de notre organisation augmente : une équipe sales qui passe de 10 à 100, 20 product managers, une expansion à l'international et sur des nouveaux segments de marché…

C'est là que le product marketing intervient. Sa mission principale est de traduire la puissance du produit et la vision à long terme en messages percutants pour attirer et convaincre les prospects.

Le product marketing n'a pas été inventé par les start-up, il a toujours été un maillon clé des grands groupes, par exemple dans la grande consommation. Chez Alan, nous l'avons réinventé à travers 3 axes :

- **des valeurs communes :** sales, marketing, product, tout le monde est concentré sur nos membres, sur leurs problèmes et leurs besoins, sur leur utilisation du produit et sur la construction de la meilleure expérience possible ;
- **des objectifs communs :** nous partageons les mêmes indicateurs entre product marketing et sales (taux de conversion en opportunités et en contrats signés) ;
- **une équipe décentralisée**, avec :
  - des product marketers centrés sur le business, qui travaillent sur le pitch, les présentations et la démonstration de la valeur d'Alan. Chaque product marketer business travaille au quotidien dans une équipe sales et est un véritable partenaire pour les leads d'équipes sales ;
  - des product marketers centrés sur le produit, spécialisés dans le lancement des nouveaux services, la communication de nos innovations et l'adoption de nos services. De même, chacun travaille au quotidien au sein d'une équipe produit et est un vrai business partner pour les product managers ;
  - des product marketers transverses, en charge par exemple de la feedback loop (boucle entre les sales, le produit, le service client pour améliorer le produit en fonction des retours du terrain) ou de la compréhension fine de nos concurrents.

Construire une équipe marketing dans une start-up est un exercice bien différent de l'approche des grands groupes : adaptabilité et polyvalence sont de mise. Il est fréquent de travailler avec de toutes petites équipes, chaque membre de l'équipe assumant plusieurs rôles, passant de la stratégie à l'exécution. L'enjeu est donc de recruter des profils capables de prendre à bras-le-corps des problématiques très différentes et de les résoudre en toute autonomie, avec un véritable état d'esprit d'entrepreneurs.

CHAPITRE 3

Recrutement et développement d'une équipe marketing de haut niveau

Joël Gaudeul, VP Marketing chez Swan

Geoffrey Vion, VP Marketing chez Contentsquare

Dans un contexte de croissance rapide, monter une équipe marketing performante est un vrai défi. Le recrutement prend du temps (que vous n'avez pas) et, surtout, les erreurs de casting sont à éviter à tout prix !

Comment recruter efficacement ?

« Quand un candidat arrive dans la salle, je sais immédiatement s'il est fait pour le poste ou non. » Erreur 404 : un recrutement ne doit pas se faire à l'instinct ; il repose sur des méthodes adaptées pour attirer, évaluer et intégrer les candidats les plus qualifiés.

- **Définissez les besoins et les objectifs :** identifiez les compétences nécessaires pour vos ambitions de croissance compte tenu de votre équipe actuelle, ce qui facilitera la rédaction de fiches de poste précises et la définition de critères de sélection clairs.
- **Utilisez les bons outils de réseautage :** utilisez LinkedIn pour publier vos offres, rechercher des profils et engager des discussions. La plateforme fournit aussi des recommandations et un aperçu des antécédents des candidats.
- **Exploitez les recommandations :** vos équipes peuvent recommander des candidats via leurs contacts, renforçant la cohésion interne avec des talents alignés sur l'entreprise. Exploitez aussi votre réseau externe pour élargir vos recherches et obtenir des recommandations.
- **Élargissez le pool de candidats** avec le travail à distance : le travail à distance est devenu une option viable pour de nombreux postes marketing, permettant d'élargir considérablement votre champ de recherche.
- **Optimisez l'expérience candidat :** assurez un recrutement fluide et transparent, donnez des retours constructifs et une communication claire à chaque étape, et maintenez un dialogue ouvert avec les candidats tout au long du parcours.
- **Utilisez les données** pour affiner votre stratégie : analysez les données pour identifier les meilleures sources de candidats et ajuster vos actions.
- **Mettez en place un onboarding efficace :** créez un programme structuré qui inclut une formation initiale, des rencontres avec les membres de l'équipe et des objectifs clairs pour les premiers mois. Un onboarding efficace aide les nouvelles recrues à s'adapter rapidement à leur rôle, à comprendre les attentes et à s'intégrer pleinement dans l'équipe.
- **Encouragez le développement continu :** le développement professionnel est un facteur important pour attirer et retenir les meilleurs talents. Proposez des formations et mentorats pour améliorer les compétences, la satisfaction et l'engagement des employés.

Objectifs, analyse de la data, gestion de son tunnel de recrutement... Recruter est très comparable à une campagne d'acquisition. Tout comme le marketing, le recrutement est un vrai métier. Si possible, appuyez-vous sur des experts internes ou externes.

Vous optimiserez ainsi vos chances d'attirer les meilleurs talents pour répondre à vos besoins à long terme.

Avis d'expert

Geoffrey Vion, VP Marketing chez Contentsquare

Étant donné la durée du processus de recrutement, le temps d'intégration d'un candidat et la rapidité d'évolution des start-up, chez Contentsquare – plateforme d'analytics de l'expérience en ligne – les fiches de poste étaient rédigées pour refléter les missions et objectifs prévus… dans 9/18 mois. Une bonne habitude à prendre est de se constituer et maintenir un vivier de profils au sein de son réseau. Enfin, pratiquer la chasse active accélère évidemment un processus, mais il est crucial de prévoir également une blacklist de partenaires et clients que vous ou votre recruteur ne pouvez pas approcher directement.

Avis d'expert

Roxane Labat, Head of Performance Marketing et SEO chez ManoMano

Au-delà des compétences métier, le savoir-être et l'état d'esprit des collaborateurs à recruter sont clés.

1. **Sélectionnez des profils adaptables :** en scale-up, les priorités évoluent, les organisations changent régulièrement, de nouvelles opportunités business s'ouvrent, des projets s'arrêtent… le tout à un rythme effréné. Mieux vaut, pour s'épanouir dans cet environnement, être particulièrement adaptable et persévérant. Beaucoup des premiers employés de ManoMano vous diront ainsi qu'ils ont eu en quelques années plusieurs métiers différents (dont les périmètres ne sont d'ailleurs pas toujours clairs, ou en tout cas largement évolutifs) dans plusieurs équipes. Mais c'est une expérience qui ne convient pas à tous les profils !
2. **Misez sur l'audace et l'énergie personnelle :** si, pour passer à l'échelle, des profils experts sont nécessaires, en phase de lancement et de croissance, faire le choix de profils juniors moins expérimentés – mais qui ont en eux cette audace, cette flamme et cette volonté pour mener à bien tous les projets, notamment ceux de zéro – peut être un facteur clé de succès. Il est aussi primordial de laisser de l'espace à vos équipes pour exprimer leurs idées et les tester. C'est en échouant 10 fois et en itérant qu'on pourra identifier une pépite.

3. **Restez « hands-on » :** lorsqu'une start-up grossit et que les hiérarchies se complexifient, le risque est de passer d'une orientation « action » à une orientation « plan » de façon excessive. Soyez vigilant sur ce point... Et repassez à l'action pour ne pas risquer le ralentissement ou l'arrêt. Cela passe, pour l'ensemble des managers et de la direction, par la capacité à avoir à la fois une vision macro stratégique ET à gérer du détail, à rentrer dans les sujets.

Développement d'une équipe marketing de haut niveau

Une fois l'équipe constituée, il faut l'animer efficacement, que ce soit avec un management intermédiaire ou direct.

Travailler avec ses managers

Dans le cas d'une équipe avec plusieurs niveaux hiérarchiques, il faudra se poser cette question cruciale : comment souhaitez-vous impliquer vos managers et votre équipe dans la définition de la stratégie ? Joël Gaudeul, qui, avant de rejoindre Swan, avait structuré l'équipe marketing d'Alma, la solution de paiement fractionné, explique que le pari chez Alma fut d'inclure les responsables d'équipes dans la construction du plan stratégique. Cela permet d'assurer l'adhésion à la vision et de s'accorder sur les constats en équipe.

Le rôle du CMO est alors de créer la synergie dans ce collectif : partager les enjeux, sensibiliser sur les interdépendances et assurer que la communication s'établisse.

Synchroniser l'équipe avec la méthode Agile

Le marketing est constitué de métiers et d'expertises diverses. Alors, comment s'assure-t-on que ces métiers fonctionnent efficacement ensemble ? Une des options est de s'appuyer sur la méthode Agile (même en version édulcorée). En effet, elle privilégie la communication intra-équipe, l'amélioration continue des modes de fonctionnement et l'adaptation au changement.

Concrètement, la feuille de route du marketing va se décliner en grandes thématiques qui seront traitées sur le trimestre (un peu à la manière des OKR, Objectives and

Key Results). Les projets sont soit de nature à construire ou améliorer le marketing (mise en place d'automatisations, refonte d'un site internet, construction d'un nouveau format d'événement), soit de nature à déployer des campagnes (e-mailing, salon, etc.).

> Comme le marketing est en développement permanent, il convient de veiller à avoir une répartition des projets adaptée au stade de développement du marketing. Très souvent, on est sur du 60 % de construction et 40 % de campagne.

Pour chaque projet, on identifie les tâches à livrer et les différentes dépendances. Il faut ensuite les planifier. Cela se fait sous la forme d'un cycle de 2 semaines appelé sprint. Ce format de 15 jours permet de changer la dynamique de l'équipe pour pouvoir s'atteler à des projets plus complexes et plus durables. Une réunion est organisée en début de cycle pour que chacun indique les tâches qui seront réalisées. Chaque tâche est évaluée en termes d'effort, c'est-à-dire en temps passé afin que l'équipe puisse toutes les livrer. On estime qu'un contributeur individuel dispose de 5 heures par jour pour travailler sur ses sujets, le reste du temps étant dédié aux réunions et activités quotidiennes (un manager aura donc moins de temps à disposition). Cela permet aussi de ne pas oublier de prendre en compte les congés et événements qui viendraient impacter la capacité de production. On veille à ne jamais avoir de tâche trop longue (au-delà de 4 heures) car cela impliquerait un risque important de non-livraison et demanderait que l'effort soit découpé en plusieurs tâches.

Une caractéristique unique de ce mode de fonctionnement est sa flexibilité. En effet, on est capable de savoir ce qui sera produit dans la quinzaine et on peut aussi anticiper les besoins pour les cycles suivants. Tous les jours ou toutes les semaines (en fonction de la taille du groupe), l'équipe se réunit pour donner l'état d'avancement des projets, discuter des blocages et adapter le sprint.

Pour permettre une amélioration continue, l'équipe organise aussi des présentations de ce qu'elle a accompli, ainsi que des discussions sur le bon déroulement du sprint passé.

La méthode Agile permet de se projeter sur le plan, de servir les autres équipes avec des délais réduits sans mettre à mal sa feuille de route, de sortir d'un mode de fonctionnement au jour le jour, de mieux évaluer le travail et de garantir les dates de livraison,

Faire évoluer les profils

Au fil des années, le métier, ou plutôt les métiers de marketeur, se sont ultra-spécialisés. Avec le temps et le développement des technologies, les profils ont gagné en technicité. La conséquence principale d'une telle spécificité rend l'évolution des personnes nettement plus complexe.

Il est important ici de briser un mythe : les plans de carrière. Essentiels pour aider les équipes à identifier leur parcours au sein de l'entreprise, ces plans sont une promesse difficile à concrétiser en start-up ou scale-up. En effet, ils nécessitent plusieurs prérequis rarement atteints en start-up : une taille critique, permettant d'avoir des niveaux hiérarchiques et des périmètres étendus pour chaque métier ; une stabilité de l'organisation, facilitant la projection sur 2 ou 3 ans ; un management aguerri, pour gérer la complexité de la construction de ces parcours, évaluer les équipes et paver le chemin.

Au-delà de la difficulté à les mettre en œuvre en start-up, les plans de carrière ne sont plus adaptés aux attentes des collaborateurs qui ont besoin d'un parcours personnalisé, plus proche de la réalité des profils diversifiés qu'on trouve dans ces équipes. Ils ont aussi le tort de déresponsabiliser les managers, car l'effort et l'initiative se trouvent du côté de l'employé. Enfin, ces trajectoires restreignent le champ des possibles, cantonnant un profil sur un parcours préétabli et très linéaire avec peu de passerelles.

Avis d'expert

Joël Gaudeul, VP Marketing chez Swan

En start-up, un bon conseil est de construire un parcours individuel pour chaque membre de l'équipe. J'ai ainsi construit il y a quelques années un modèle inspiré de celui utilisé par Medium pour ses équipes d'ingénieurs. L'ambition est d'évaluer les compétences métier, mais aussi les compétences transverses qui font la performance de l'équipe (compétences techniques et relationnelles).

On travaille donc sur des « voies » qui couvrent les compétences d'expertise, d'exécution, de support (qualités managériales, coaching, mentoring) et de renforcement (renforcer et promouvoir la culture de l'équipe/entreprise). Chaque voie dispose de 5 niveaux, qui sont tous illustrés par une description et des exemples vécus dans l'entreprise (et sont donc enrichis au fil des mois). Le modèle permet même d'associer les niveaux à une rémunération... Mais là, on est sur un mode très avancé.

En pratique, on va donc évaluer les équipes, définir les niveaux à gagner et identifier des projets correspondant aux exemples. Le manager est responsable de la création d'un contexte favorable pour y arriver.

En bonus, on a une vision d'ensemble pour aider à éclairer les choix de recrutement de demain. Ce modèle est exigeant en préparation, mais simple en exécution. Il demande toutefois de respecter des règles pour valider un niveau :

- avoir travaillé pour atteindre le niveau (ce n'est pas le fruit du hasard);
- ne pas avoir à faire un effort supplémentaire pour maintenir le niveau;
- tenir ce niveau dans la durée (il faut donc un peu de temps pour valider l'obtention du niveau);
- obtenir le niveau à 100 %, sans réserve.

Petite subtilité : un manager va être amené à moins pratiquer son expertise... et donc perdra des points sur cet aspect. Cela l'incite à progresser sur de nouvelles compétences liées à son rôle.

Si le modèle présenté par Joël Gaudeul vous paraît trop complexe, une première étape peut être accomplie avec un modèle plus classique et très simple : le T-Shape. Le nom est lié à la forme que prend ce modèle, un « T » où la partie haute correspond aux compétences communes des équipes et la barre verticale à la compétence clé de l'individu.

Il s'agit ici de lister des compétences métiers, regroupées par famille (contenu, site web, growth/marketing digital, créativité/marque, product marketing) et incluant des expertises très axées sur le métier (SEO, SEA, rédaction de contenu...). Pour chaque compétence (transverses ou expertises métiers), on va évaluer le profil de 0 à 5 et définir ensuite les axes d'amélioration. On pourra en parallèle associer des niveaux souhaitables par métier et degré de séniorité.

Nombre de start-up proposent leur propre « Académie » pour former et faire grandir leurs collaborateurs. On peut penser à l'Académie inmemori qui forme les collaborateurs à l'accompagnement des familles en deuil ou l'Académie marketing d'Alan. Là aussi, les start-up et licornes innovent pour former les marketeurs de demain en favorisant la curiosité, la créativité ou encore la maîtrise de la data et de l'intelligence artificielle.

PARTIE II

ALIGNEMENT STRATÉGIQUE ET LEADERSHIP

CHAPITRE 4

Alignement stratégique : collaboration avec le CEO et le board

David Remaud, CMO chez iBanFirst

Quand on interroge les CEO sur leur partenaire de confiance privilégié pour générer de la croissance, ils pensent en priorité à leur patron commercial (près de 60 %), puis à leur responsable clients et en dernier à leur CMO ou responsable marketing (moins de 40 %)[1]. Comment changer cette dynamique ?

Les raisons de la divergence avec le CEO

Une des raisons principales des tensions entre CEO et CMO réside souvent dans une mauvaise compréhension du rôle de l'autre.

À de rares exceptions près, très peu de CEO ont un passé de marketeux. Dans le monde de la tech, on trouve en effet beaucoup de CEO avec un historique ou une appétence personnelle vente ou produit, voire les deux, mais très peu viennent du marketing. À l'inverse, très peu de CMO ont été eux-mêmes CEO.

Le CMO doit donc effectuer un travail d'empathie et essayer de se mettre dans la tête du dirigeant pour mieux comprendre sa vision et ses attentes. D'après mon expérience, trois questions reviennent fréquemment dans les réflexions des CEO sur le marketing.

Le marketing, centre de coût ou centre de profit ?

En tant que CEO, on aimerait faire du marketing un centre de profit et pouvoir dire aux investisseurs : « quand j'investis 1 € en marketing, je gagne 7 € d'ARR. » En effet, cela démontre la scalabilité de la société et donc sa valeur.

Or, le CEO sait aussi que certains investissements dans le marketing n'ont pas de ROI (*Return on Investment*, retour sur investissement en français) direct ou mesurable.

En tant que leader marketing, nous devons toujours avoir le revenu et la rentabilité en tête, mais nous devons aussi assumer et défendre la valeur du marketing en tant que centre d'investissement pour le long terme. Par exemple, il est important d'expliquer qu'investir dans la marque est un investissement aussi stratégique pour la valeur de la société qu'investir dans la tech et le produit, même si le retour sur investissement est moins immédiat et moins tangible.

1. Hansen T., « How to Improve CEO Confidence in Marketing », SBI Growth, 2022.

Avis d'expert

David Remaud, CMO chez iBanFirst

Chez iBanFirst, une plateforme de comptes et de paiements à l'international pour les PME, avec Pierre-Antoine Dusoulier, le CEO, nous nous mettons d'accord sur la part du budget marketing qui doit avoir un retour rapide et celle qui est un investissement à long terme. La part d'investissement à long terme évolue entre 10 % pendant les périodes où nous devons générer rapidement du revenu et atteindre de la profitabilité, et 40 % quand on décide d'investir plus dans la communication et le développement de la marque.

Sales vs. marketing, mon cœur balance

Quand on parle croissance de société tech, on utilise souvent l'indicateur de Coût d'Acquisition Client (CAC). On calcule le CAC en additionnant les coûts sales et marketing dédiés à l'acquisition de nouveaux clients. Sachant que dans les entreprises B2B, ce sont souvent deux départements distincts qui reportent au CEO, le CEO doit à son niveau faire l'arbitrage entre l'investissement qu'il met en sales et celui qu'il met en marketing.

Dans ce contexte, il est indispensable que les sales et le marketing construisent une vision commune de ces éléments pour faire les bons arbitrages. De mon point de vue, le CMO doit être moteur dans cette recherche d'alignement avec le Chief Sales Officer, en incluant potentiellement la finance. En effet, le CMO maîtrise l'ensemble des indicateurs du tunnel de conversion (de la génération de trafic à la conversion).

Le marketing, c'est compliqué

Quand une société grandit, elle se complexifie et il est de plus en plus difficile pour le CEO de comprendre les détails de l'ensemble des processus de son entreprise. Le marketing est sûrement un des départements qui se complexifie le plus au cours du temps : les sujets sont extrêmement variés et techniques, allant du SEO aux campagnes de publicités, en passant par les événements, la relation avec les analystes et les campagnes de mailings, etc. Le CEO peut avoir de l'appétence ou de l'expertise dans certains secteurs, mais il ne peut être expert de tous les aspects du marketing.

Un autre élément de complexité du marketing est notre propension à abreuver l'organisation d'indicateurs, certes pertinents, mais parfois de niveaux trop micro.

Ce sont des indicateurs qui ont un impact sur la performance, mais de manière indirecte et à long terme. Le CEO et le CMO doivent se mettre d'accord sur les quelques indicateurs clés du marketing qu'ils doivent regarder ensemble.

Le CMO doit donc bien comprendre les enjeux du CEO, accepter qu'ils puissent être contradictoires et mettre en place le bon niveau d'échange permettant d'être efficace et pertinent lors de décisions importantes. Une des astuces consiste à l'impliquer dans certains projets qui lui tiennent à cœur.

Avis d'expert

Emmanuelle Benoliel Kleinmann, Co-fondatrice et CEO chez UnlockM et CMO chez PayFit

Lors d'un échange avec un des membres du board d'Aircall, Quentin Nickmans (co-fondateur de Hexa), je lui ai directement demandé quelles étaient ses attentes d'un CMO en board meeting, et plus particulièrement au premier. Sa réponse a été très claire : il veut s'assurer que le CMO maîtrise son sujet et aide l'entreprise à atteindre ses objectifs. Selon ses mots, il s'en fiche de savoir les tactiques et le ROI de chaque action, il ne veut pas être inondé de data. Ce qu'il veut, c'est comprendre où on en est aujourd'hui, où on veut aller demain, comment on va y aller, si ça va nous permettre d'atteindre nos objectifs et là où il va y avoir des points de blocage.

N'oubliez jamais qu'ils ne sont pas contre nous, mais qu'ils sont là pour nous aider à rendre prospère l'entreprise. Si on gagne, ils gagnent (plus que nous d'ailleurs).

Lors de présentations ou relations avec le board, CEO ou reste de la direction, il est de notre devoir de les recadrer quand ils partent dans tous les sens. On se doit de leur rappeler le focus, les ressources et les projets à faire. Le CEO a un instinct hors pair, mais en l'écoutant on peut avoir 1000 nouvelles initiatives par semaine, il est donc indispensable de savoir où on va pour pouvoir filtrer cela et ne sélectionner que les projets importants. Par la suite, il faudra s'assurer de la priorisation de tous les projets pour que nos équipes puissent suivre la cadence. C'est exactement cela qu'attendent votre board et votre CEO.

La relation du CMO avec son board dépend du type d'investisseurs

Au-delà de sa relation avec le CEO, le CMO doit bien comprendre les objectifs des investisseurs et mener, en concertation avec le CEO, la bonne conversation avec le board qui les représente.

Les objectifs d'une société, du CEO et donc du marketing dépendent de la typologie des investisseurs principaux : les attentes ne seront pas les mêmes s'il s'agit de VC ou d'un fonds de Private Equity.

Par exemple, dans une société en phase de lancement dont l'objectif principal est de trouver le bon product-market fit, le marketing doit tester un maximum de canaux et de campagnes différentes afin d'identifier ce qui fonctionne le mieux.

A contrario, si le fonds d'investissement est un Private Equity, l'objectif de la société est un équilibre entre la croissance et la rentabilité. Le marketing est amené à travailler plus sur la rétention client, en aval du tunnel, car une forte rétention permet de maximiser les marges et de nourrir la croissance. Le marketing doit aussi travailler à renforcer la position de leader de la société en analysant finement la concurrence actuelle et émergente.

De manière générale, il n'est pas très compliqué de comprendre les objectifs du board et des investisseurs, il suffit de leur demander. Le travail du CMO réside dans leur traduction en plans d'action concrets pour les équipes.

Avis d'expert

David Remaud, CMO chez iBanFirst

iBanFirst a vécu la croissance classique et fulgurante des fintechs répondant à un vrai besoin marché. Plusieurs levées de fonds avec des VC se sont succédées avec comme objectif principal une croissance annuelle à 3 chiffres, l'augmentation exponentielle des revenus étant l'élément principal de valorisation des sociétés à l'époque. Autant dire que le marketing était quasi exclusivement consacré à l'acquisition de nouveaux clients et à l'ouverture de nouveaux pays, en très forte collaboration avec les vendeurs. En tant que CMO, j'ai donc mis en place un reporting de la performance de l'acquisition qui est présenté tous les trimestres au board.

En 2022, un fonds de Private Equity est entré au capital d'iBanFirst avec l'objectif de nous aider à accélérer sur la partie M&A (acquisition de sociétés) en nous permettant de financer notre croissance par de la dette plutôt que par des levées de fonds, qui nous prenaient beaucoup de temps.

On pourrait se dire que la logique de croissance étant la même, l'impact sur le marketing aurait dû être minime. En fait, le fonctionnement et les objectifs d'un fonds de Private Equity sont très différents de ceux de VC. Pour prendre deux exemples :

- le modèle de financement par la dette propre au fonds de Private Equity ne fonctionne que si la société est profitable (pour rembourser la dette);
- contrairement aux VC qui cherchent à surperformer sur quelques sociétés quitte à perdre sur d'autres, un fonds de Private Equity se doit d'avoir un retour sur investissement positif sur l'ensemble de ses sociétés.

Les conséquences pour le marketing sont nombreuses :

- on va chercher à renforcer et pérenniser ce qui marche plutôt que de faire des coups. Bien comprendre et maximiser la valeur de son ICP est par exemple une priorité;
- le marketing va plus s'occuper des clients après leur acquisition, la rétention, pour créer une croissance durable et profitable;
- pour atteindre et maintenir la profitabilité, on va devoir bien sûr s'assurer de la rentabilité des campagnes marketing. En revanche, on peut définir avec le board l'horizon de rentabilité de ces investissements. Au même titre que l'acquisition d'une société délivrera probablement de la valeur au bout de 12 à 18 mois, en tant que CMO, je peux présenter des projets d'investissement marketing à moyen voire long terme, du moment qu'ils s'avèrent profitables.

Do your fucking job

Une autre source de désalignement du CMO avec le CEO et le board est sa propension à se défocaliser. Admettons-le, quand on aime le marketing, on aime tester de nouvelles choses, faire des campagnes sur la base d'intuitions et perdre le fil de notre mission principale.

On est de plus amené à intervenir sur des sujets transverses à la société comme la communication interne ou la data.

Avis d'expert

David Remaud, CMO chez iBanFirst

À titre personnel, chez iBanFirst, j'ai eu un moment la sensation de perdre ma boussole. Après des premières années très orientées sur l'acquisition, j'ai été amené à m'impliquer dans beaucoup de sujets transverses pour accompagner la croissance de la société, comme m'occuper de la communication interne au moment du COVID.

Lors d'une séance avec mon coach, j'exprimais la difficulté à mener tout de front, à m'aligner avec les objectifs des autres départements, et j'ai eu cet échange très fructueux :

Le coach : « David, que penses-tu que ton CEO veuille que tu fasses en priorité ? »

Moi : « Ah, ça, je sais ! Booster les inbounds. »

Le coach : « Et qu'est-ce que tu peux faire pour contribuer le plus au développement de la société et donc aider les autres départements ? »

Moi : « ... Booster les inbounds. »

Après ma séance de coaching, je me suis donc occupé des inbounds...

Dans les start-up et licornes, encore plus que dans n'importe quelle autre entreprise, l'alignement entre le CEO, le CMO, le board, et l'ensemble de la direction est indispensable. Cet alignement est la condition sine qua non à une exécution et une croissance rapides, ainsi qu'à l'optimisation des ressources, facteurs clés de succès en start-up.

CHAPITRE 5

Approches et dynamiques interéquipes

Joël Gaudeul, VP Marketing chez Swan

Le marketing est à la croisée des chemins. En B2B, il fait le lien entre produit, équipes de vente et clients/prospects. J'ai pour habitude de dire que le marketing est partout : dans la façon dont on accueille un candidat en entretien, dont les équipes commerciales déroulent leurs présentations, dont le support échange avec vos clients et même dont votre fondateur va pitcher l'entreprise.

Chez Swan, fintech spécialisée dans le banking-as-a-service, quand le CEO présente l'entreprise, c'est un discours parfaitement calibré préparé par l'équipe marketing : un super storytelling délivré via une métaphore parfaitement huilée, autour de l'établi de bricolage qui représente la complétude de l'offre et la rigueur de l'organisation du produit.

Pour arriver à un tel résultat, il faut savoir composer avec les différentes équipes, leur donner l'appui nécessaire tout en menant les projets qui permettent de construire sa stratégie de manière durable et scalable.

Être partout : un défi du quotidien

Pour renforcer son offre et la valoriser au mieux, il faut de la cohérence à tous les niveaux de l'organisation. On ne veut pas se retrouver avec des équipes présentant un produit loin de la réalité simplement pour assurer une vente rapide (le fameux overselling) ou se concentrant sur les aspects les moins uniques de votre produit. Chaque incohérence affaiblit le message !

Une vision exhaustive des messages

Il faut à la fois la puissance de la marque et celle de votre product marketing pour maximiser l'impact du marketing au-delà de la génération de leads. Le marketing doit donc être sur tous les fronts. Il est essentiel de voir l'ensemble des messages émis par les membres de l'entreprise : au-delà du site web, pensez à la page Welcome to the Jungle, les publications des employés et des fondateurs, les participations à des tables rondes, conférences et autres podcasts, sans oublier les présentations faites par vos équipes sales, les appels de vos SDR (« Sales Development Representatives » ou « Chargés de développement commercial »), dont l'enregistrement est souvent disponible, et les e-mails transactionnels (qui tombent parfois dans une zone sombre sans réel responsable, coincé entre produit, marketing et tech).

Partager votre vision du marketing

Le marketing reste un métier à la géométrie variable, le rendant difficile à appréhender. Je pense que c'est très important d'en avoir une définition commune pour faciliter le travail dans un contexte de fortes dépendances. Pour ce faire, je profite des sessions d'onboarding des nouveaux venus pour dérouler mon message centré sur ma vision du marketing.

Je leur parle donc d'amour... ou plus exactement de « dating », rattachant le marketing à l'art de la rencontre. Pour les deux, on parle de matchmaking entre un produit/service et une personne/entreprise.

Cette rencontre, c'est la combinaison de la bonne personne (votre ICP, l'Ideal Customer Profile, la cible de vos actions), le bon moment (canal et étape de son parcours client) et le bon message. Très rapidement, les personnes issues d'autres métiers comprennent cette métaphore, et que le marketing est un travail d'orfèvre qui se fait sur la durée. Il ne s'agit pas de vendre n'importe quoi à n'importe qui !

En complément, je partage ma vision du métier en tant que fonction support. J'explique comment je vois le rôle de l'équipe au sein de l'entreprise, son champ d'action basé sur le modèle dit de la « flywheel », c'est-à-dire du moulin à vent, le marketing ajoutant de l'accélération et enlevant les frictions par ses actions, avec une intervention tout au long du cycle de vente et de vie du client.

> Pour bien comprendre quand le marketing doit être sollicité, il existe une règle simple : si un message est automatisé ou envoyé en masse (plus de 20 personnes), il doit passer par le marketing.
>
> Ce travail d'éducation et de construction de l'image du marketing en interne va toucher tous les aspects : en amont, sur des aspects stratégiques comme les Go-To-Market, le pricing/packaging et le positionnement, et, en aval, sur l'exécution du plan au travers des différents points de contact et messages.

Et l'humain dans tout ça ?

Le marketing doit s'appuyer sur son réseau interne pour faire avancer ses projets et maximiser l'impact de ses actions, par exemple mobiliser des ressources techniques (intégrer des outils pour faire un nouveau modèle d'attribution), commerciales (confirmer la venue à un événement, identifier des clients ambassadeurs) ou produit (prioriser une fonctionnalité, comprendre les besoins des clients).

Comprendre l'autre

Le relationnel est essentiel et ce n'est pas qu'une affaire de soft skills, mais aussi de soft power. J'invite ainsi mes équipes à développer leur réseau d'influence. Il s'agit de s'intéresser à l'autre, de comprendre ses enjeux et son mode de fonctionnement. Cela tombe bien, c'est le cœur de notre métier.

Avis d'expert

Joël Gaudeul, VP Marketing chez Swan

Ayant pu gérer des équipes de vente en tant que Chief Revenue Officer, je me suis rendu compte de l'écart de perception entre marketing et sales. J'ai compris l'importance du collectif, de la concurrence, du modèle de rémunération dans les équipes sales. De même, le fait d'avoir piloté des équipes très diverses en tant que Chief Operating Officer m'a fait découvrir ce qui animait les développeurs et équipes produits, le défi technologique pour les uns et le travail d'enquêteur pour optimiser la customer journey pour les autres.

Il y a forcément de la nuance à apporter, mais chaque département a des marqueurs très forts auxquels on peut faire référence pour gagner en légitimité. Il est essentiel de construire la relation au travers de nombreux échanges informels. L'écoute active sera votre meilleure alliée.

En complément, j'essaye au maximum de rendre service. Par exemple, dans notre organisation du travail, nous gardons systématiquement de la bande passante pour les besoins non planifiés. En parallèle, le système de travail en sprint de deux semaines me permet de garantir un traitement des sujets moins critiques avec des délais réduits.

Un maillage sur mesure

Par priorité, les relations à tisser sont les suivantes :

■ Équipes finance

Le marketing est un poste avec de nombreuses dépenses, un questionnement permanent sur la pertinence des investissements, des montants élevés et un nombre de prestataires conséquent (j'ai eu régulièrement plus de 100 prestataires ou outils).

Par conséquent, la maîtrise du budget est primordiale, mais aussi complexe. Cela en fait un sujet important pour les équipes finance qui n'ont pas toujours une bonne compréhension des enjeux et de ce qui se cache derrière chaque ligne budgétaire. Il faut donc les aider à naviguer dans vos dépenses, et démontrer la rigueur de la gestion budgétaire pour gagner leur confiance.

> La mise en place d'une nomenclature, de la catégorisation des dépenses et du pointage systématique des engagements passés permet d'atteindre cet objectif et de bénéficier de plus de flexibilité sur l'usage des fonds alloués.

■ Équipes sales

Elles ne viennent donc qu'en seconde position, mais représentent la majorité des interactions en B2B. L'interdépendance est vitale. Une campagne sans suivi commercial ou une équipe sales sans prospect ne peuvent atteindre leurs objectifs.

L'un des risques spécifiques à la scale-up est le recrutement simultané du leader marketing et de celui des sales. Dans ce contexte, chacun essaie de faire sa place, d'organiser son équipe, de poser sa vision, constituant malgré eux des silos entre ces deux entités. C'est l'un des revers que j'ai pu vivre dans ma carrière : nous travaillions tous les deux au bien commun de l'entreprise, mais avec des priorités trop différentes. Je n'étais pas au rendez-vous de ses attentes et il n'assurait pas le bon suivi de nos actions. Seul le CEO peut apporter une vision claire et une direction stratégique forte pour pallier ce décalage.

Viser le même objectif facilite mécaniquement l'alignement des intérêts, même s'il y a des divergences de plan.

■ Équipes produit

Le lien entre produit et marketing est vital à la fois pour :

- comprendre les utilisateurs et leurs besoins (exprimés ou non exprimés);
- influencer la roadmap produit, afin de répondre toujours mieux à ces besoins;
- communiquer, raconter l'histoire et faire briller le produit.

Les équipes product marketing vont ainsi jouer un rôle crucial pour aligner les objectifs entre produit, marketing et sales, et faire en sorte que les sales vendent ce que le produit fait et que le produit soit à la hauteur des attentes.

■ Équipes tech

Ces équipes sont rarement incluses dans les plans marketing alors qu'une approche proactive permet de faciliter la mise en place des outils et l'expérimentation de nouvelles solutions, le marketing ayant souvent des dépendances liées à l'intégration de ses solutions, aux flux de données, à la gestion des noms de domaines, etc.

Je recommande de présenter en amont l'architecture des solutions qui va être déployée par l'équipe, expliquer les besoins, la raison d'être et les implications de chaque outil (cela sert aussi aux équipes finance).

Avis d'expert

Joël Gaudeul, VP Marketing chez Swan

Chez Alma, où j'ai été VP Marketing en 2023-2024, l'équipe sécurité avait refusé la mise en place d'un site sur un nom de domaine différent car cela ajoutait de la complexité dans notre environnement de marque et dans la maintenance de nos sites internet. En questionnant notre interlocuteur technique, nous sommes rapidement arrivés à une solution. Il a suffi de poser une seule question : « Comment peut-on obtenir une réponse positive à cette demande ? » Le retour fut une liste d'actions à mettre en place : mise à jour régulière de l'instance WordPress, mise en place d'une sécurité additionnelle, et le tour était joué.

Au-delà de la levée de freins, certaines équipes techniques peuvent contribuer au marketing. Chez Mention, où j'ai dirigé le marketing entre 2018 et 2020, les équipes techniques avaient régulièrement du temps consacré à l'exploration dans chacun des cycles de développement et nous leur proposions des projets à explorer, parfois liés à la data, parfois à des leads magnets ou au Growth Hacking (tactiques marketing pour générer des contacts pour les commerciaux). Cela a contribué à rapprocher les deux équipes.

En contrepartie de leur aide, le marketing peut aider les équipes tech à recruter, en participant à leur visibilité avec le lancement d'un blog dédié au développement des produits et en les accompagnant sur le rédactionnel et sur leurs interventions publiques en conférences.

Zoom sur les rituels et la communication

Pour faciliter la collaboration entre les équipes sales et marketing, il faut mettre en place des rituels communs et établir des règles de fonctionnement équilibrées.

La première étape est l'alignement des objectifs, en prenant en compte les différentes temporalités pour anticiper les besoins de volume des équipes commerciales.

On ira ensuite sur la co-construction de la feuille de route et du calendrier des actions, pour s'assurer de répondre au besoin et maximiser la participation des vendeurs.

Enfin, on mettra en place des rituels avec les différents niveaux hiérarchiques de l'organisation (points d'échanges hebdomadaires entre les équipes, participation aux réunions sales, revues de la performance mensuelle).

Très tôt, il faut clarifier les définitions. Cela peut surprendre, mais au sein d'une même organisation, les définitions des différentes étapes du cycle de vie du prospect peuvent diverger. On a besoin de préciser ce qui constitue un prospect, à quel moment celui-ci est qualifié, quand une opportunité est ouverte, la signification des différents statuts identifiés dans le Customer Relationship Management (les statuts liés aux comptes et aux contacts), etc. Avec la multiplication des points de contacts, chaque équipe doit savoir quand un prospect peut être sollicité et par qui. Typiquement, on exclura les prospects les plus avancés de certaines campagnes marketing pour ne pas interférer avec les discussions commerciales.

Pour finir, on peut synthétiser cela dans un SLA (Service Level Agreement). Ce document sert de référence pour définir les volumes à amener par le marketing, les critères de qualification et les temps de traitement par les équipes commerciales. Le but est d'encadrer les échanges.

> L'alignement des équipes doit aussi se traduire sur le suivi de la performance. Une recommandation est de se baser sur des tableaux de bord communs. Chaque équipe pourra avoir ses propres tableaux plus détaillés, mais les grands indicateurs doivent être partagés avec la vision de l'ensemble du tunnel de conversion. L'idée est de passer d'une approche de génération de contacts à la génération de revenu.

Dans les entreprises tech, le produit est souvent au centre, et c'est bien normal. Alors, à l'image des efforts que vous faites pour marketer votre produit, il faut s'atteler à marketer vos propres actions. C'est le secret pour maximiser votre impact et rendre votre travail encore plus intéressant. Il va donc falloir revenir aux bases : identifier vos cibles internes, comprendre leurs attentes, cartographier les points sensibles, personnaliser les messages.

Vos interactions prendront une nouvelle dimension, car vous allez créer un plan plus inclusif, suscitant de l'engagement des équipes et permettant de démontrer que le marketing est présent dans l'organisation, à toutes les étapes de la vie des prospects et des clients.

CHAPITRE 6

Développement adaptatif selon les phases d'entreprise

Mégane Gateau, VP Marketing chez Figures

Eliott Guérin, VP Marketing chez Skello

Le rôle du marketing et ses missions sont radicalement différents dans une entreprise de quelques salariés ou de plusieurs centaines d'employés. En s'adaptant en continu, il accompagne et favorise les différentes phases de développement de l'entreprise. Du lancement aux premières levées de fonds, en passant par l'expansion internationale, les enjeux et les priorités de la stratégie marketing évoluent.

Phase de lancement

Au lancement, pas besoin de 100 000 € pour tester et remporter les premiers succès ! La meilleure approche est l'approche *Lean*, très connue dans le monde des start-up : une approche qui cherche systématiquement à réaliser de petits changements progressifs dans les processus afin d'améliorer l'efficacité et la qualité.

En voici un exemple très concret : chez Skello, une solution RH de gestion de personnel, des remontées des équipes clients semblaient indiquer le besoin d'une fonctionnalité de génération et de stockage de documents RH dans l'application.

Afin de confirmer que cette fonctionnalité pourrait intéresser les clients actuels et permettrait d'aller en conquérir de nouveaux, une maquette d'une landing page de préinscription a été réalisée en moins d'une demi-journée.

Cette approche fonctionne pour tout : un lancement de fonctionnalité, mais également un lancement de pays, un lancement d'offre, et même un lancement initial pour tester son product-market fit.

Dans cette phase de lancement, la clé du succès réside dans un état d'esprit d'explorateur : tester, apprendre, itérer, rater parfois, comprendre, itérer à nouveau, rapidement.

Avis d'expert

Eliott Guérin, VP Marketing chez Skello

Une des premières actions marketing menées chez Skello a été de lancer une stratégie de contenu forte, pour accroître la visibilité, générer de la demande via le référencement naturel et finalement ancrer Skello comme un acteur de référence sur son marché.

Je recommande d'investir rapidement dans de la production vidéo, avec des ressources externes dans un premier temps, pour maîtriser votre budget. Il sera temps d'internaliser des ressources pour la production de contenu vidéo lors de la phase d'accélération, le scale.

Deux types de contenus vidéos sont particulièrement intéressants à déployer rapidement : d'une part, des témoignages et retours d'expériences sur les gains générés chez vos clients après l'utilisation de votre produit, d'autre part des vidéos de promotion de votre produit, qui permettent en quelques secondes de comprendre clairement votre proposition de valeur. En phase de lancement, le contenu apparaît comme la pierre angulaire de la synergie entre performance et brand.

Calculateurs, simulateurs ou encore livres blancs sont des contenus riches, à forte valeur ajoutée, que vous pouvez également proposer aux visiteurs de votre site web en échange de quelques informations, comme le nom de leur entreprise et leur adresse e-mail. On parle de « lead magnets » (des contenus qui attirent les prospects). On cible donc des prospects qui sont en haut de l'entonnoir de conversion que vous n'auriez pas pu intéresser via des contenus classiques.

Avant de se lancer tête baissée dans des tests, il est primordial de bien connaître ses cibles : vos clients sont-ils des particuliers ou des professionnels ? Vendez-vous à une seule personne ou à une équipe ? Quel est le niveau de digitalisation de vos cibles ?

En fonction des réponses, vous n'activerez pas les mêmes canaux, priorisation et séquençage dans votre stratégie Paid Marketing.

Pour estimer un budget pour commencer vos actions Paid Marketing, modélisez simplement quelques hypothèses de taux de conversion et de panier moyen cible. Vous pourrez ainsi proposer à votre CEO une enveloppe de tests à déployer sur un trimestre.

Voici un exemple :

- vous vendez un logiciel par abonnement à 100 € HT par mois ;
- un client utilise en moyenne votre solution pendant 24 mois.

Vous savez désormais calculer la LTV (lifetime value d'un client) : 100 € × 24 mois = 2 400 €

Chaque client ayant une LTV de 2 400 €, vous avez donc en tête le coût d'acquisition maximal à ne pas dépasser pour obtenir un bon retour sur investissement.

Avis d'expert

Eliott Guérin, VP Marketing chez Skello

J'ai souvent été confronté à des choix stratégiques cruciaux, mais l'un des plus décisifs a été d'investir très tôt dans notre marque. Cela peut sembler contre-intuitif, surtout quand les ressources sont limitées et que les priorités semblent ailleurs. Mais pour nous, ce pari s'est révélé gagnant.

Ainsi Skello a investi dans le branding dès les premiers stades de son développement, même avec une équipe encore restreinte. Cela a changé la perception que le marché avait de l'entreprise, renforçant son positionnement, bien au-delà de ce que les ressources initiales pouvaient laisser imaginer.

Phases de développement et de croissance

En phase de croissance, diversifier ses activités permet de limiter les risques en répartissant ses revenus sur plusieurs secteurs, tout en exploitant des opportunités de marché où l'expertise et les produits existants peuvent être transposés avec succès. Cette stratégie permet de démultiplier les relais de croissance tout en renforçant la résilience face aux fluctuations d'un marché unique.

Par exemple, Skello s'est diversifié vers de nouveaux secteurs comme la grande consommation, la santé et l'industrie. Pour chaque expansion, l'équipe a d'abord identifié un nombre croissant de demandes entrantes, puis a confirmé que le product-market fit, le fait que le produit soit en adéquation avec ce nouveau marché, existait bien grâce à des campagnes outbound ciblées sur cette nouvelle industrie. Cela a permis à Skello de valider en quelques mois sa volonté de s'étendre et de lancer des actions dédiées.

Le succès passe par une compréhension fine des moments où il faut persévérer ou au contraire pivoter rapidement. Savoir capitaliser sur ses forces tout en restant agile pour ajuster son approche est essentiel. Finalement, la diversification, quand elle est bien menée, devient un puissant levier de scale tout en continuant à explorer de nouveaux horizons avec ambition et pragmatisme.

Expansion à l'international

Ça y est ! Le marché local fonctionne très bien, il est temps de mettre les voiles et de partir à la conquête d'un ou de plusieurs marchés à l'international ! Voici ce que nous vous conseillons de faire afin de réussir, du mieux possible, votre déploiement à l'international.

Analyser finement chaque nouveau marché pour adapter son approche

Pour réussir votre implantation sur de nouveaux marchés, commencez par effectuer une étude de marché approfondie afin de bien saisir les spécificités propres à chaque pays ciblé. Cette analyse doit également permettre d'identifier les préférences des consommateurs, les tendances locales, les comportements d'achat, ainsi que la concurrence déjà présente sur le marché. Grâce à ces informations, vous pourrez ensuite adapter vos produits, messages marketing et canaux de distribution pour répondre de manière plus efficace aux attentes locales.

Recruter une équipe locale pour mieux comprendre les spécificités culturelles

Pour réussir votre expansion sur un nouveau marché, il est essentiel d'embaucher des talents locaux, qu'ils soient recrutés en interne ou en externe, car ils possèdent une connaissance approfondie de la culture, de la langue et des habitudes de consommation. Par exemple, chez HomeExchange, une plateforme d'échange de maisons et d'appartements entre particuliers, où Mégane Gateau a travaillé durant 3 ans pour ouvrir les marchés scandinaves, des freelances natifs et vivant dans chacun des pays scandinaves ont été recrutés afin d'adapter la communication à leurs cultures et habitudes de voyage.

Trouver le bon équilibre entre une stratégie mondiale et une exécution locale

Pour renforcer l'image de marque et les valeurs de votre entreprise à l'international, il est crucial de développer une stratégie globale cohérente.

Il est également important de laisser une certaine flexibilité aux équipes locales, afin qu'elles puissent ajuster les tactiques et les messages pour mieux résonner avec l'audience spécifique de chaque pays.

Chez HomeExchange, une stratégie marketing par région (Europe, États-Unis/Canada) était ainsi définie, avec la possibilité de faire des ajustements par pays, en fonction des vacances scolaires ou des habitudes de voyage.

Piloter la performance de façon globale tout en gardant de l'agilité

Pour optimiser l'efficacité de vos campagnes à l'échelle mondiale et locale, il est essentiel de mettre en place quelques indicateurs de performance (KPI, Key Perfomance Indicators), peu nombreux mais bien choisis, permettant de suivre les résultats de vos actions.

Par exemple, chez Figures, plateforme de gestion de la rémunération, les mots-clés en allemand performent moins bien que les mots-clés en anglais sur une cible allemande. Certaines logiques peuvent être mises à mal, donc c'est important de tester !

Réduction des coûts

Vous ne pouvez pas contrôler la demande pour vos produits ou services, ou les impacts d'une crise mondiale ou locale, mais vous pouvez les anticiper. Comment ? En vous posant les bonnes questions afin de pouvoir réorienter votre stratégie : où doit-on concentrer nos efforts marketing ? Quels canaux sont les plus générateurs de nouveaux clients ? Quel est leur ROI ? Lesquels sont les moins performants ?

En période de crise, on vous demandera soit de réduire les coûts de x %, soit de couper certains postes de dépenses bien précis (RP, événementiel, etc.).

Avoir une vision claire des canaux et de leur performance vous permettra de couper et/ou réduire les coûts en pleine conscience des implications sur les revenus de l'entreprise. En d'autres termes, réaffecter les budgets marketing et les mettre en priorité sur les actions mesurables.

Figures a ainsi connu une période de réduction de coûts et a misé sur 3 axes :

- maximiser la performance : faire presque autant avec moins, en optimisant les annonces Google Ads ;
- réduire sans trop impacter les performances : ne produire qu'un article SEO par mois au lieu de trois précédemment ;
- suspendre totalement, de manière temporaire : par exemple, les relations presse ne générant pas de revenus directs dans les pays qui ne sont pas la priorité.

Dans une période de crise, il est également primordial d'éduquer la direction sur certains postes de dépenses qui ne génèrent pas de revenus directs mais qui sont pour autant indispensables à la bonne réalisation des objectifs de revenus.

Avis d'expert

Mégane Gateau, VP Marketing chez Figures

Chez Figures, nous avons le cas des LinkedIn Ads que nous utilisons afin de générer des MQL (Marketing Qualified Lead). Ces leads nous coûtent de l'argent mais ne génèrent pas de revenus directement : ils entrent dans des boucles de nurturing et de cold calling, et convertissent souvent plusieurs mois plus tard. Ces leads sont indispensables à la génération de revenus car nous n'arrivons pas à les convertir autrement. Couper cette dépense serait préjudiciable à la croissance à moyen terme.

Une fois ces coupures réalisées dans votre budget, il est capital d'adapter votre stratégie à ces réductions et de partager en interne votre nouveau plan marketing, afin que les attentes soient alignées avec les moyens.

Les start-up et licornes évoluent rapidement, rendant la pratique du marketing particulièrement exigeante. Les équipes doivent s'adapter en permanence aux fluctuations du marché et à la croissance interne. Ce défi requiert une vision à long terme tout en maintenant une réactivité quotidienne. Les leaders marketing ne peuvent se reposer sur leurs lauriers ; ils doivent sans cesse acquérir de nouvelles compétences pour répondre aux besoins changeants et s'ajuster à la maturité de l'entreprise, assurant ainsi une stratégie toujours alignée avec les objectifs de croissance.

PARTIE III

STRATÉGIES DE CROISSANCE ET INNOVATION

CHAPITRE 7

Développement et diffusion de la marque

Marilyne Dupuy, CMO chez Napta

Amandine Grémont-Moreau, Part-Time CMO

Elsa Magadoux, Directrice Marketing et Commerciale chez Brut.

Aude Romelly, Part-Time CMO et Executive Coach

Antoine Yahia-Cherif, Global Marketing Strategy chez Decathlon et Part-Time CMO

Dans l'univers des start-up, construire une marque est un exercice complexe qui requiert une compréhension fine des dynamiques du marché, une agilité à toute épreuve, et surtout, une capacité à se démarquer dans un secteur où l'innovation est la norme. Contrairement aux marques traditionnelles, les start-up tech doivent naviguer dans un environnement où la rapidité et l'adaptabilité sont essentielles, où les cycles de vie des produits sont courts, et où parfois l'entreprise « pivote », c'est-à-dire qu'elle change de direction, se recentre sur une nouvelle cible, une nouvelle proposition de valeur ou un nouveau produit.

Comment construire une marque ?

Selon Jeff Bezos, « votre marque, c'est ce que les gens disent de vous lorsque vous n'êtes pas dans la pièce. » La marque se traduit à travers votre nom, votre logo, votre produit, mais aussi l'ensemble des valeurs que vous lui faites porter et qui contribuent à vous différencier de vos concurrents.

Concrètement, investir dans la marque, c'est avoir un impact sur le business : bénéficier d'une notoriété accrue, d'une plus grande fidélité de la part des consommateurs et de la possibilité de générer des marges plus élevées, mais aussi, par exemple, d'attirer les meilleurs talents.

Qu'est-ce qu'une plateforme de marque et pourquoi s'y attarder ?

La plateforme de marque permet à l'audience d'une marque de comprendre qui elle est, ce qu'elle représente et ce qu'elle propose. Le fait d'avoir une identité claire et cohérente sur tous les supports permet à une marque de naturellement se démarquer par rapport à la concurrence, d'inspirer confiance et rassurer les consommateurs dans leur choix d'achat.

La création d'une plateforme de marque est souvent vue comme un exercice conceptuel ou théorique, surtout en start-up où l'on veut aller vite et délivrer. Pourtant, elle permet aux fondateurs et aux équipes de prendre du recul sur l'ADN de la marque. Si vous vous posez la question « est-ce le bon moment pour construire ma plateforme de marque ? », c'est qu'il est sûrement déjà trop tard. Constituant la véritable colonne vertébrale de votre marque, votre plateforme vous permet de tirer la meilleure valeur de chaque euro investi en marketing. Elle va ainsi devenir votre boîte à outils de communication au quotidien : d'un brief d'agence à l'envoi d'éléments de langage à la presse, en passant par les messages de votre prochaine campagne de marque, ou la construction de decks de levée de fonds auprès de vos investisseurs.

Dans un premier temps, il est essentiel de comprendre comment vous êtes perçus aujourd'hui, pour savoir comment vous voulez être perçus demain :

- interrogez vos salariés : à quoi associent-ils votre marque et votre entreprise ?
- organisez des entretiens avec vos clients et partenaires : demandez-leur ce qu'ils pensent de votre marque et votre service ;
- analysez comment vous communiquez sur votre site, vos réseaux sociaux et quel engagement vous suscitez.

Dans un second temps :

- définissez votre vision : quelle est votre raison d'être ? Quelle est votre ambition à long terme ? Par exemple : accélérer la transition énergétique des logements ;
- formulez votre mission : quel est votre objectif fondamental ? Comment transformez-vous votre vision en action concrète ? Par exemple : rendre accessible le financement de la rénovation énergétique, quels que soient votre âge, votre revenu et votre endettement ;
- écrivez votre proposition de valeur et positionnement : quels sont vos avantages et bénéfices uniques offerts aux clients par rapport à vos concurrents ? Quelle place voulez-vous occuper dans l'esprit de vos clients et sur le marché ? Par exemple : nous sommes une alternative au crédit. Nous finançons 100 % de vos travaux de rénovation énergétique en rachetant une part de votre bien, sans apport ni mensualité et peu importe vos conditions de revenus ;
- listez vos valeurs : quelles sont les croyances et les principes fondamentaux qui guident vos actions ? Par exemple : nous sommes innovants, transparents, centrés sur le client et inclusifs ;
- définissez votre « tone of voice » : quel est le style, la personnalité, les émotions que vous souhaitez véhiculer au travers de votre communication ? Par exemple : nous souhaitons être perçus comme amicaux, accessibles, professionnels, inspirants et engagés ;
- traduisez ce travail stratégique en identité visuelle : vos logos, typos, palettes de couleurs, visuels et iconographie doivent refléter l'identité de votre marque de manière cohérente sur tous les supports.

Pourquoi un rebranding et comment le préparer ?

Un rebranding revient à modifier les éléments constitutifs de sa marque : en général, le positionnement, le design et parfois le nom. Un rebranding arrive régulièrement en start-up et scale-up car la croissance de l'entreprise amène à pivoter, à conquérir de nouveaux marchés et à s'adapter rapidement.

Avis d'expert

Marilyne Dupuy, CMO chez Napta

En tant que CMO de PickYourSkills, un outil collaboratif pour simplifier le staffing, notre besoin était de sortir de la catégorie RH dans laquelle nous enfermait le nom « Skills » pour être correctement perçus par nos prospects. Par ailleurs, pour s'internationaliser, il nous fallait un nom plus percutant que « choisis tes compétences ». Nous avons donc décidé de changer pour Napta (en référence au premier calendrier du monde trouvé sur le site de Nabta Playa) pour faire référence à notre outil de gestion de planning.

La construction d'un plan média

Vous avez construit une marque singulière et attractive pour votre cible. Il est maintenant temps de la faire connaître et d'attirer vos prospects grâce à une campagne média efficace.

Traditionnellement, les grands groupes ont développé des plans médias très riches, s'appuyant sur la publicité à la télévision, à la radio, dans la presse... Les start-up et entreprises tech ont complètement réinventé le plan média, notamment en raison de moyens financiers et humains bien plus limités, en s'appuyant sur les réseaux sociaux, le marketing d'influence et le contenu viral pour atteindre leur public cible de manière efficace.

Dans un écosystème médiatique en perpétuelle évolution, où de nouvelles plateformes émergent et des formats disparaissent, les start-up ont développé des mix média plus organiques que ceux de la télévision ou de la radio.

3 règles d'or pour réussir dans cette approche :

- **structurez votre mix média** en fonction du degré d'interaction souhaité avec chaque audience : par exemple, favoriser les plateformes sociales et les formats live pour un maximum d'interactivité avec une audience jeune ;
- **personnalisez les contenus :** par exemple, des formats standards à large diffusion et des formats « sur-mesure » spécifiquement conçus pour les plateformes sociales ; des contenus créés et maîtrisés par la marque et des contenus réalisés par des créateurs et des influenceurs ;
- **analysez les données** en temps réel pour ajuster rapidement le plan média en fonction des résultats.

Avis d'expert

Elsa Magadoux, Directrice Marketing et Commerciale chez Brut.

Les start-up, SaaS et plus globalement les nouveaux acteurs de l'économie numérique partagent un trait commun : un accès direct à leurs consommateurs, ce qui redéfinit la manière dont ils communiquent avec eux. Marketing direct, interaction constante, transparence et amélioration produit grâce aux avis utilisateurs : la désintermédiation permise par les plateformes sociales change la structure des marques.

La création de Brut., plateforme de vidéos en ligne, procède du même mouvement : créer un média d'information pour des millions de jeunes, gratuit et accessible quotidiennement sur les réseaux sociaux.

À sa création, Brut. a posé plusieurs fondamentaux :

- un format « socle », la vidéo, parce que répondant aux usages des réseaux sociaux et permettant d'incarner un nouveau rapport à l'information avec des prises de vues réalisées uniquement à l'iPhone, dans une volonté d'authenticité totale ;
- la nécessité de traiter de sujets vraiment engageants pour les jeunes générations, moins « top-down » ;
- une ligne éditoriale articulée autour de valeurs fortes : la lutte contre le changement climatique, la place des femmes dans la société et la justice sociale ;
- une identité visuelle forte, « brute » : le « face cam' », le reportage et des typos simples.

Pour autant, Brut. a pensé ses façons de communiquer et adapté ses codes spécifiquement pour les plateformes sociales. Un « consommateur » de Brut. sur TikTok ne verra pas exactement le même Brut. qu'un consommateur sur YouTube ou Instagram. Grâce aux algorithmes, chaque utilisateur voit un Brut. qui lui ressemble et lui parle directement.

C'est cette capacité à personnaliser l'expérience et à embrasser les codes d'expression de la jeunesse, combinée à une obsession de rester fidèle à des fondamentaux, qui a permis à Brut. de devenir une marque média de référence. Dans un contexte de défiance, 88 % de notre audience fait pleinement confiance à Brut.

Démontrer l'impact de la marque

Sur le long terme, une bonne référence consiste à allouer au moins 20 % de votre budget marketing à votre budget marque. Mais comment montrer l'impact et le ROI des initiatives marque? Dans un contexte où les levées de fonds se font plus rares et où les start-up et scale-up tendent de plus en plus vers la rentabilité, démontrer l'impact des investissements dans la marque devient impératif.

Un travail sur la marque répond à une logique business long terme, tandis que des actions marketing (par exemple, l'acquisition) ont souvent une logique plus court terme.

Le concept de « Demand Generation » permet de réconcilier cette dualité entre court et long terme. La « génération de demande » vise à susciter l'intérêt pour vos produits ou services, tout en renforçant la notoriété et la réputation de votre marque. L'entreprise expose progressivement son audience à divers types de contenus : éducatifs, informatifs, engageants, transactionnels, sur différentes plateformes.

Ainsi, en fournissant régulièrement de la valeur à son audience, une relation de confiance se développe, ce qui positionne l'entreprise comme une référence.

Un excellent indicateur pour réconcilier marque et business est le trafic à la marque (les recherches incluant votre marque, faites sur un moteur de recherche). Ce trafic, très qualifié, convertit bien et génère des demandes de rendez-vous pour les commerciaux ou des contrats. En investissant sur votre marque, vous augmentez le trafic à la marque, ce qui génère plus de business.

Bâtir une marque forte est un défi pour les start-up et licornes qui requiert une approche stratégique et visionnaire. À travers une plateforme de marque bien définie, les start-up peuvent non seulement se différencier dans un marché saturé, mais aussi établir une connexion authentique avec leur audience.

C'est cette authenticité, ce lien direct avec les clients et les utilisateurs, que les start-up et licornes s'efforcent de créer chaque jour. Le secret est d'initier ce dialogue et de l'entretenir, en créant des communautés engagées, en allant à la rencontre de ses clients et de ses utilisateurs là où ils se trouvent, sur les médias, les carrefours d'audience ou les plateformes sociales.

CHAPITRE 8

L'événementiel, des ateliers aux « flagship events »

Geoffrey Vion, VP Marketing chez Contentsquare

« Tu vois l'énorme événement annuel Dreamforce de Salesforce ? J'aimerais que tu organises le même... » Tous les CEO de start-up rêvent de leur keynote à la manière d'Apple, une scène spectaculaire pensée pour créer une expérience immersive et répondre à des objectifs précis.

Au-delà de ces ambitions grandioses, l'événementiel est une véritable expertise métier, mêlant créativité et rigueur.

Organiser un événement, du petit-déjeuner client au « flagship event », demande une compréhension fine de la stratégie marketing globale. Ces actions s'inscrivent dans une vision à long terme pour renforcer la marque, engager les clients et générer des leads.

Le marketing événementiel, un levier de croissance

En digital, présentiel ou hybride, il existe une multitude d'événements – sponsorisés ou en propre – destinés à toutes les cibles : prospects, clients, employés, médias, etc. Les formats sont également multiples : ateliers, conférences, salons, roadshows, afterworks, webinars... Alors comment choisir le bon format ? Cela dépend de votre budget et de vos objectifs, mais aussi d'autres éléments clés comme vos ressources internes et la phase de croissance de votre entreprise.

Par exemple, avec une petite équipe et peu de notoriété, les salons avec des rendez-vous 1:1 peuvent être une bonne option. Si vous devez cibler une industrie spécifique, envisagez d'organiser un petit-déjeuner thématique axé sur un cas d'usage. Si vos prospects sont très dispersés géographiquement, un webinar serait plus approprié.

Avis d'expert

Priscilla Cavrois, Head of Marketing chez Memo Bank

Un format fonctionne bien pour débuter : le petit-déjeuner avec témoignage client. C'est un événement simple à organiser avec un budget limité. Voici quelques conseils :

- choisissez un client speaker avec un cas d'usage réplicable et une entreprise connue. Choisissez votre persona interne pour animer l'événement ;
- sélectionnez un lieu modulable pour être 10 ou 50. Anticipez un no-show entre 40 % et 60 % ;
- enrichissez votre base de données sur des segments cibles ;

- optimisez le taux de participation : bloquez le créneau dans l'agenda des inscrits et multipliez les relances SMS, etc.

Ce format peut également se décliner en afterwork. En général, le no-show est plus élevé en fin de journée, mais les participants restent souvent plus longtemps pour networker.

Les événements ont évidemment une vocation business forte, ils permettent aussi de :

- générer des leads et accélérer les ventes : les échanges directs favorisent la confiance et une conversion plus rapide ;
- améliorer l'image et la notoriété : devenez une référence dans votre domaine en offrant une présentation de qualité ;
- fidéliser les clients : engagez votre communauté, entretenez la proximité et proposez des offres complémentaires (upsell/cross-sell) ;
- renforcer l'esprit d'équipe : la collaboration entre vos équipes pour organiser l'événement crée une meilleure cohésion et aligne les objectifs.

Construire sa roadmap événementielle

Pour une stratégie événementielle efficace, au-delà des aspects logistiques, plusieurs éléments sont à considérer : le budget, les équipes, les objectifs commerciaux, la roadmap produit... Il est crucial de suivre les événements de votre industrie et de vos personas pour rester en phase avec les tendances. Il convient aussi de planifier le contenu très en amont. Concrètement : vous devez avoir en tête votre roadmap marketing (ex : sortie du prochain livre blanc), identifier les clients prêts à témoigner sur une nouvelle fonctionnalité produit... Enfin, comprendre les priorités des équipes de vente permet de synchroniser les événements avec leurs cycles et objectifs pour un impact maximal.

Une bonne stratégie événementielle repose sur l'anticipation. Idéalement, planifiez vos événements 18 mois à l'avance, en fonction de vos objectifs mais aussi de vos ressources : budget, bande passante de vos équipes, produits disponibles, équipes SDR/sales pour assurer le suivi, etc.

Adoptez une approche data-driven pour optimiser ROI et performance : estimez les inscriptions, leads, coûts par opportunité, impact sur la notoriété... Tout doit être mesuré afin de se construire au fil des années un benchmark pour optimiser vos décisions.

Adaptez votre roadmap selon la maturité de votre entreprise et testez différents formats.

Au début, privilégiez les événements externes sponsorisés pour leur retour sur investissement (package avec rendez-vous 1:1, ateliers avec récupération de leads, etc.).

Progressivement, avec l'acquisition de vos premiers clients, plus de contenu et une base de données enrichie, commencez à organiser vos propres événements (petits-déjeuners avec cas client, webinaires, etc.). Puis, pour les grandes structures, un événement phare (ou flagship event) peut devenir pertinent.

Avis d'expert

Geoffrey Vion, VP Marketing chez Contentsquare

Lorsque je suis arrivé chez Contentsquare – plateforme d'analytics de l'expérience en ligne – en 2019, 80 % des résultats marketing en France provenaient d'événements, très majoritairement sponsorisés. Bien que pratique avec une petite équipe marketing, ils étaient coûteux et peu flexibles (choix de la date, dispositif rigide...). Nous avons donc ajusté notre stratégie pour mieux contrôler notre ROI et image de marque. Aujourd'hui, les événements représentent 50 % de notre mix marketing, avec un équilibre entre événements externes (essentiels pour rencontrer de nouveaux contacts et se confronter à l'écosystème) et nos propres événements, que nous avons fait croître progressivement.

Intégrez votre roadmap événementielle au cœur de votre stratégie marketing. Les événements, souvent une part importante du budget, doivent structurer votre planning annuel, avec les événements externes aux dates fixes et vos propres événements, ajustés selon vos besoins (lancement de produits, contenu de campagne, accélérer la clôture des ventes) et contraintes (vacances, saisonnalité).

Évitez l'opportunisme, il n'y a pas de quick wins en B2B. Construisez un plan à moyen/long terme et suivez-le.
Soyez en veille continue : assistez aux événements, suivez vos partenaires et concurrents, et demandez à vos clients ceux qu'ils fréquentent pour enrichir votre benchmark.

Amplifier, booster et s'assurer du succès

Organiser des événements de qualité demande une rigueur absolue. Être bien organisé permet surtout de se dégager du temps pour être créatif et gérer les imprévus. Le succès repose sur une exécution impeccable et une expérience unique, bien que difficile à mesurer. Voici quelques astuces pour améliorer vos événements :

- **Fédérez l'interne :** engagez le maximum d'équipes en transverse. Définissez un objectif commun avec les équipes commerciales, CSM, etc.; le nombre d'inscrits, la mise à jour de l'agence, etc. Partagez régulièrement les infos.
- ***Content is king* :** consacrez du temps à produire du contenu qui attirera et fidélisera votre audience. La présence de belles marques est le critère n° 1 d'inscription des participants. Variez les thématiques et intervenants pour offrir des perspectives nouvelles. Veillez à la qualité du contenu : préparez des modèles pour les présentations, affinez le contenu avec les intervenants, organisez des répétitions et assurez la cohérence et la clarté des messages.
- **Standardisez :** pensez dès le début à votre événement comme un programme reproductible dans le temps et l'espace (autres pays, etc.), avec son identité visuelle. Mon conseil : pensez grand dès le départ et progressez par étapes, envisagez la réutilisation du format et du contenu. Ensuite, lancez-vous ! Testez, affinez et accélérez.
- **Enrichissez votre base de données :** pour progresser, enrichissez proactivement votre base de données sur les personas et entreprises cibles. Ne laissez pas votre CRM se remplir seul : établissez un plan et un budget dédiés.
- **Capitalisez toutes les opportunités :** le jour J doit être le prétexte d'un tout. Vous êtes sur un salon : organisez un petit-déjeuner avec des clients le matin, un afterwork avec quelques partenaires, demandez la liste des médias accrédités pour un café avec votre CEO...
- **Maximisez grâce à vos partenaires :** chacun pourra contribuer au budget, aux invitations, à l'organisation, au contenu, etc.
- **Amplifiez grâce à vos intervenants :** bénéficiez d'une caisse de résonance en fournissant à tous vos speakers un kit de communication personnalisé.
- **Collectez de la data :** questions des participants, taux de participation aux sessions... Récoltez et analysez ces données pour affiner votre stratégie marketing.
- **Préparez le suivi :** n'attendez pas la fin de votre événement pour réfléchir à la relance de vos contacts : séquence d'e-mails ? Envoi d'un contenu ?
- **Profitez de l'effet de halo :** un événement unique réussi alimente votre marketing pendant plusieurs mois. Utilisez les présentations pour des eBooks. Capturez les séquences en vidéo pour une campagne de génération de leads (accès après souscription d'un formulaire), puis après quelques mois publiez les vidéos sur YouTube pour développer votre notoriété.
- **Intégrez les nouvelles tendances et innovations :** l'événementiel évolue vers plus de durabilité, avec des pratiques écoresponsables, et une personnalisation

accrue grâce aux technologies comme l'IA. L'hybridation, combinant participation physique et en ligne, s'est renforcée après la Covid-19. Ces innovations permettent de créer des événements plus responsables, interactifs et immersifs, ce qui répond aux attentes de vos cibles.

Avis d'expert

Simone Sfeir, SVP Strategic Partnerships et Partner chez Frenchfounders

Le « dîner placé » reste un format privilégié pour créer des liens et favoriser les échanges, ainsi que pour garantir la présence de vos invités. Les éléments à soigner : qualité du repas, originalité du lieu et choix de l'intervenant. Placez stratégiquement vos convives en fonction de leurs intérêts communs ou de potentielles synergies (sport, vin, voyages...).

Communiquez en précisant le format dans la 1re invitation, faire le suivi une semaine avant (restrictions alimentaires), le rappel à J-5 et enfin le message chaleureux à J-1. Associez-vous à des partenaires complémentaires, cela enrichira l'expérience tout en partageant les coûts et l'organisation. Souvenez-vous que l'émotion est le meilleur vecteur de mémorisation.

CX Circle by Contentsquare : monter son flagship event et devenir un leader de son industrie

Dreamforce, organisé par Salesforce, attire chaque année à San Francisco et en ligne plus de 150 000 participants pour un événement hybride de 3 jours avec plus de 100 leaders d'opinion et 2 000 sessions. C'est un rendez-vous festif, avec la présence d'acteurs et de concerts de rock stars abordant technologie, leadership et innovation, sans vente agressive, renforçant ainsi la notoriété de Salesforce.

Pour les entreprises tech, créer un événement phare est un objectif clé, comme les keynotes d'Apple ou les summits de Google Cloud et Adobe. Les entreprises avec des budgets plus modestes, comme HubSpot ou Contentsquare, peuvent aussi réussir à plus petite échelle.

Et justement, cette ambition audacieuse a toujours été un moteur chez Contentsquare. Naturellement, l'idée de créer notre propre flagship event s'est rapidement imposée, avec un objectif clair : réunir les meilleurs experts en marketing et digital pour analyser et anticiper les tendances du secteur.

Pour créer son flagship event, il faut commencer par le début en pensant à la fin simultanément. Je m'explique : dès le départ, il est essentiel de définir une philosophie, une ambiance, une ligne éditoriale, ainsi que des éléments de différenciation. En parallèle, il faut fixer une ambition et une vision claire, puis avancer pas à pas pour construire et faire rapidement grandir son événement.

Ainsi, les équipes de Contentsquare ont conçu leur flagship event avec des objectifs précis et ambitieux dès le premier jour :

- faire de cet événement notre initiative la plus performante en termes de génération de pipeline ou d'accélération des deals;
- générer un gain de notoriété tout au long de l'année sur tous nos marchés grâce à plusieurs moments forts à travers le monde qui alimentent continuellement la marque (plutôt qu'un seul coup global);
- rassembler tout notre écosystème clients, prospects, partenaires, analystes, médias...

Nous avons évolué progressivement avec chaque édition. Prenons CX Circle en France, où tout a commencé timidement : une matinée, 50 participants, peu d'intervenants et aucun partenaire. En 2019, nous avons repensé le format et affirmé notre ambition en créant :

- une journée complète avec conférences, workshops et afterworks, attirant plus de 150 participants et 10 partenaires dans un lieu à l'atmosphère ultra-décalée;
- le lancement de divers contenus : magazines en ligne et imprimé, podcasts...

Ce succès a lancé le projet à l'international. Aujourd'hui, CX Circle Paris attire plus de 1000 dirigeants, 60 intervenants et 25 conférences, avec même des éditions TV live pendant la pandémie.

Le pari est en train de réussir avec non pas un seul grand événement mondial par an, comme le font de nombreuses start-up SaaS, mais le choix d'un roadshow. En 2024, Contentsquare a organisé 11 CX Circle à travers le monde, de New York à Tokyo, en passant par Sydney, Stockholm, Londres, Milan, Riyad... et, bien sûr, Paris. Le magazine est quant à lui traduit en 5 langues.

Pourquoi avoir opté pour un roadshow? Cette stratégie permet de :

- générer un pipeline solide dans chaque région;
- renforcer la notoriété à l'échelle locale;
- stimuler l'écosystème des partenaires sur le terrain;
- engager davantage avec tous nos clients;
- et enfin, aligner les équipes locales autour d'un objectif commun.

Le succès de cette approche réside dans une vision forte et commune à tous nos événements : rassembler les experts du digital pour partager, dans une ambiance conviviale, en créant des expériences marquantes. En deux mots : «*smart and fun*».

Aujourd'hui, CX Circle est surtout devenu un pilier de notre marketing, notamment en servant de plateforme pour nos annonces produits. C'est un programme marketing mature, avec une hiérarchisation des différents événements sur 3 niveaux selon la taille de nos marchés, totalement intégré au plan commercial de Contentsquare.

Les équipes marketing continuent d'améliorer le programme, notamment son uniformisation à travers le monde : messaging, branding, thème central annuel... Tout en essayant de standardiser au maximum : supports de communication, tableau de bord de performance, réutilisation des animations et contenus...

> Une dose de localisation reste un facteur clé du succès. Il est crucial de rester flexible face aux besoins du marché en adaptant le format, les horaires, le choix des contenus...

Enfin, CX Circle s'appuie sur l'écosystème de partenaires technologiques et stratégiques de Contentsquare. Ces derniers apportent une contribution décisive sur de nombreux aspects : prise de parole et partage d'expertise avec des clients communs, invitation de participants, participation financière, etc.

Dans les événements, comme dans toute la construction de leur marque, c'est en mettant l'accent sur l'authenticité et la connexion humaine que les start-up se démarquent des approches traditionnelles, tout en démontrant leur expertise et leur vision avant-gardiste. Le succès de vos événements résidera dans cette capacité à créer des expériences mémorables qui résonnent avec votre audience, tout en alignant l'ensemble des efforts sur une vision forte et des objectifs clairs. C'est cette alchimie qui permet de construire une marque forte et engageante et de poser les jalons d'une croissance durable.

CHAPITRE 9

Pourquoi s'aider des relations publiques pour bâtir (et maintenir) sa réputation en B2B

Julie Asselin, VP Marketing chez 365Talents

Raphaëlle Béguinel, Head of Content and Communication chez Malt

On pense moins souvent à l'importance des relations presse en B2B par rapport au B2C. Nos logiques ROIstes ont du mal à calculer l'impact des relations presse. Par contre, on peut vite voir l'impact de ne pas en avoir fait.

Les relations presse exigent un équilibre entre impératifs business court terme et travail de fond. C'est parce que notre réputation a été établie qu'une levée de fonds aura de la visibilité et qu'un futur client sera plus facilement convaincu. L'inverse est un véritable obstacle à la croissance d'une entreprise.

Au-delà des relations presse : comprendre l'étendue et les enjeux des relations publiques

Les relations publiques (RP) englobent l'ensemble des efforts de communication stratégique visant à construire et maintenir des relations positives avec toutes vos audiences. Que vous fassiez partie d'une jeune entreprise en croissance ou que vous soyez CMO d'un géant de la tech, les RP sont essentielles :

- pour établir et maintenir la crédibilité de votre entreprise ;
- pour une visibilité accrue : par exemple, chez Malt, plateforme leader du freelancing en Europe, la stratégie de relations publiques est plurielle et nuancée en fonction des différents marchés, et c'est là où on perçoit la puissance de cet outil. On peut moduler l'approche en fonction des besoins terrain et des audiences visées pour toujours maximiser la visibilité de l'entreprise et s'adapter aux attentes locales. Il s'agit de tirer parti de toutes les opportunités de communication, comme co-construire une étude avec des partenaires, participer aux événements sectoriels, tisser des liens stratégiques auprès d'influenceurs-clés, etc. ;
- pour gérer votre réputation à 360° ;
- pour soutenir vos objectifs business ;
- pour toujours mieux vous différencier sur le marché. Dans des secteurs aux canaux de communication souvent saturés, les RP doivent mettre en avant vos valeurs uniques, vos innovations et votre vision. C'est une carte de visite dont l'importance grandit avec les réseaux sociaux et les enjeux de réputation digitale.

Avis d'expert

Raphaëlle Béguinel, Head of Content and Communication chez Malt

Chez Malt, l'entreprise défend une vision « freelancer first », qui constitue un de ses piliers RP. Face à des concurrents priorisant le pricing des prestations, Malt combine valorisation des expertises freelance avec une plateforme tech unique, le tout reposant sur la première communauté de freelances en Europe. Résultat ? En 10 ans, l'entreprise a fortement contribué à l'avènement du freelancing en Europe et est identifiée comme leader par ses audiences cibles. Pour incarner ce positionnement, l'entreprise a notamment mis en place un espace dédié aux freelances au sein du siège social à Paris, la création d'un Freelance Advisory Board et la publication d'une étude européenne majeure, bible du freelancing pour les médias.

Pluralité des relations publiques : s'adresser à tous les publics de manière impactante et différenciée

On peut distinguer trois catégories d'audience RP :

- **les parties prenantes directes :** vos clients et utilisateurs existants ou potentiels, mais aussi vos employés et vos partenaires stratégiques. Nos diverses expériences dans la tech démontrent que l'organisation de meetings réunissant tous les collaborateurs, la transmission de documents de référence expliquant la vision de l'entreprise et la multiplication des canaux de communication internes pour maximiser la portée des messages est une stratégie RP gagnante ;
- **les relations d'influence :** les opérations RP avec des leaders d'opinion et des influenceurs sont toujours efficaces. En mettant en avant des profils d'experts, les clients et partenaires écoutent d'autant plus qu'ils ont cette aura d'expert indépendant. Les relations presse se construisent article après article, en étant à l'écoute et très réactif, et non pas sur des « coups de communication » sporadiques ;
- **les relations institutionnelles :** les relations avec les élus, administrations et associations permettent de prendre part aux débats de votre secteur suffisamment en amont.

Votre objectif est de construire une relation de confiance en adoptant une approche profondément humaine, avec chacune de ces cibles. La communication doit rester personnelle et authentique, quelle que soit l'audience.

Avis d'expert

Julie Asselin, VP Marketing chez 365Talents

Dans la vraie vie, en start-up ou scale-up, on a rarement une personne dédiée à ses relations publiques et c'est un ensemble d'acteurs qui entrent en scène. En tant que VP Marketing chez 365Talents, c'est une activité que je chapeaute avec plusieurs personnes clés : une agence presse qui nous aide et nous aiguille sur notre stratégie presse, plusieurs porte-paroles (le CEO bien sûr, mais aussi le Chief Technical Officer (CTO), les co-fondateurs ou moi-même), des acteurs clés pour certaines audiences (un responsable des relations de partenariats avec notre écosystème, ou encore le VP Customer Operations pour les relations clients).

La combinaison d'acteurs œuvrant aux RP varie en fonction des marchés, des besoins et des ressources. C'est toujours une question de personnes, qu'il s'agisse des agences et freelances RP avec qui l'entreprise collabore, mais aussi des figures mobilisées en interne. Les RP se font à l'échelle de l'entreprise et non pas seulement au niveau leadership.

Stratégies RP

Les RP englobent plusieurs pratiques essentielles que toute start-up ou scale-up doit maîtriser. Voici les cinq plus importantes :

- la communication stratégique ;
- la gestion de crise ;
- les relations médiatiques ;
- la communication interne (à l'image de ce qui est organisé chez Malt : une session de questions réponses « *Ask me anything* » à laquelle tous les collaborateurs peuvent participer pour échanger en direct avec la direction) ;
- la responsabilité sociale des entreprises.

Avis d'expert

Julie Asselin, VP Marketing chez 365Talents

En tant que start-up en HRtech spécialisée sur la gestion des compétences et talents, mon équipe chez 365Talents s'est concentrée sur la création de contenu de leader d'opinion. Nous avons rédigé des tribunes sur des sujets généralistes du monde du travail. Ces prises de position sont variées. Nous avons traité l'employabilité des séniors, les Jeux Olympiques, l'impact de l'IA dans le monde des RH, etc. Cette stratégie nous a permis d'obtenir une couverture médiatique dans la presse nationale lue par nos cibles grands comptes et de renforcer notre positionnement d'experts. Rien que pour le premier semestre 2024, ce sont 74 millions d'auditeurs, lecteurs ou téléspectateurs cumulés.

Avis d'expert

Raphaëlle Béguinel, Head of Content and Communication chez Malt

Chez Malt, plateforme leader du freelancing en Europe, notre approche RP s'articule autour de 3 piliers :

- une approche RP différenciée selon les marchés européens ;
- une attention particulière à l'incarnation des messages clés par des leaders Malt dans les médias ;
- un positionnement en tant que leader d'opinion au travers d'études, les « Malt trends », produites à partir de données internes exclusives et d'interviews d'experts reconnus sur la thématique en question.

Comment utiliser les RP pour 3 cas majeurs en tech ?

- **Les RP pour la levée de fonds :** finie la grande période des levées mirobolantes, la « start-up nation » a mûri et le marché s'est durci. Les RP deviennent essentielles pour communiquer sur la pérennité de votre modèle, vos ambitions et les éléments de réassurance sur le business plan.
- **Les RP pour un lancement produit :** exercice plus compliqué car une sortie produit est souvent vue comme une « information commerciale ». Pour 365Talents, ces annonces produits ont été couplées avec des témoignages clients qui ont utilisé en

avant-première ces produits. Résultat : 42 retombées presse (dont des parutions nationales) sur une annonce produit lancée avec leur client Segula, contre en moyenne une grosse dizaine de retombées de presse spécialisée.

- **Les RP et l'expansion internationale :** en plus de mettre en avant la recherche effectuée sur les géographies visées, les points stratégiques et les premiers clients de la zone en question, tout est question de timing. Il y a débat sur le « bon moment » pour le faire. Certains sont fervents défenseurs d'introduire les RP dès l'ouverture du marché, d'autres seulement dans un second ou troisième temps, après avoir bien lancé l'activité commerciale. Là encore, pas de recette miracle, mais attention, il y a plus de risques et de retard à rattraper à les lancer trop tard que trop tôt.

> Quand on est face à un bad buzz ou des trolls, il faut faire preuve d'anticipation et ne pas toujours se positionner publiquement. Ne pas répondre en direct, c'est une réaction en soi. Un exemple de communication de crise dans la tech – avec un besoin de prise de position – a été celui de Facebook avec Cambridge Analytica. Le PDG Mark Zuckerberg a tout d'abord présenté ses excuses et l'entreprise a ensuite mis en place un plan de sécurisation des données et appliqué la RGPD en mars 2018 à l'ensemble de ses opérations, et pas seulement en Europe.

Conseils d'expert : cinq bonnes pratiques à tester

- **Équilibrez le « chaud » et le « froid » :** alternez entre le newsjacking (réagir rapidement à l'actualité) et des sujets de fond plus approfondis. Par exemple, une start-up fintech pourrait commenter rapidement les nouvelles réglementations tout en produisant des rapports approfondis sur les tendances du secteur.
- **Persévérez sur le long terme :** les RP nécessitent des efforts continus. Évitez les approches « *stop and go* » qui limitent l'impact de vos communications. Communiquer une à deux fois par an ne suffit pas, c'est un lien continu qui procurera des résultats significatifs.
- **Variez les formats :** ne vous limitez pas aux communiqués de presse. Explorez d'autres formats comme les tribunes d'opinion, les interviews exclusives ou les contenus vidéo. Les prises de parole d'individus sont toujours favorisées par rapport à celle d'entreprises « sans visage », d'où le besoin de développer l'image de porte-paroles.
- **Anticipez la communication de crise :** préparez-vous à l'inattendu en élaborant des plans de communication à l'avance et envisagez tous les scénarios possibles, mais aussi tous les timings possibles. La crise survient toujours au moment où l'on s'y attend le moins.

- **Impliquez toute l'entreprise :** les RP ne sont pas seulement l'affaire du service communication. Encouragez tous les niveaux de l'entreprise à contribuer à l'effort de relations publiques et à suivre les politiques internes et les recommandations en matière de communication externe.

Le vrai nerf de la guerre : le budget et le temps à allouer aux RP

Degré d'externalisation, choix des partenaires, établissement des priorités business au regard des besoins en visibilité sur les marchés concernés : les variables qui permettent d'établir un budget RP sont nombreuses. Vous pouvez en choisir certaines - comme les thématiques prioritaires - mais d'autres sont souvent subies. Si vous ne disposez pas de compétences RP suffisantes en interne, une externalisation partielle ou complète deviendra évidente, et impactera vos choix budgétaires. Il est préférable de construire un budget RP prenant de l'ampleur année après année avec des « victoires » à valoriser pour justifier de l'augmentation du budget - donc de l'investissement RP - au fur et à mesure. Positionnez toujours votre budget RP comme un investissement à l'échelle de l'entreprise, pour sa survie et son développement.

Par exemple, pour une petite start-up, recourir à un freelance ou une agence, représentant un budget de 20 000 € sur l'année (soit l'équivalent à une participation à un salon B2B), est une option facile à mettre en place. Vous pourrez rapidement analyser le ROI (qualité des médias qui ont publié un article, nombre de coupures de presse obtenues).

Pour une scale-up, les RP deviennent un élément à part entière de votre mix media. Les RP, si on y inclut le marketing d'influence, peuvent vite monter à 15-20 % du budget total.

Démontrer le ROI et l'impact de vos actions RP

Aujourd'hui, il faut élargir la mesure de la performance des RP, au-delà de l'impact des relations presse. Ne vous concentrez pas seulement sur le nombre de parutions, mais aussi sur les audiences et l'importance des médias. Une parution dans *Les Échos* n'a pas le même poids que cinq parutions dans des titres médias spécialisés. Privilégiez des chiffres globaux pour mesurer votre impact. Mesurez vos audiences RP, social media, influence marketing et analystes. Il y a un effet de volumétrie pour la presse (1-to-many) et un effet qualitatif pour les analystes et influenceurs (1-to-few), mais cela permet de mesurer au mieux ce fameux mix que l'on vous recommande.

Pour démontrer le ROI, vous pouvez comparer votre coût RP à ce que cela vous aurait coûté en Paid Marketing : votre ROI est assuré si votre coût est inférieur à ce que vous auriez dû payer pour toucher ces audiences (volume et ciblage). Vous pouvez également comptabiliser les collaborations stratégiques avec vos partenaires : leur nombre, nature et contenu en coproduction (contenu, événements, etc.). Ces alliances vous permettront de démontrer l'ancrage de l'entreprise dans son écosystème.

Enfin, les enquêtes de notoriété sont un moyen efficace de mesurer l'impact de vos RP. Si votre budget est limité, vous pouvez demander à vos commerciaux de systématiquement demander « nous connaissiez-vous avant ce rendez-vous ? Et comment ? » Simple et efficace.

Pour gérer vos efforts de RP, considérez les outils suivants : Cision, Feedly ou Visibrain pour la veille ; ChatGPT, Claude Sonnet ou Dust en IA générative ; Oktopost pour la gestion des réseaux sociaux.

Les start-up et licornes ont, certes, souvent des budgets plus limités que les grands groupes à investir dans les RP, mais elles peuvent jouer sur des atouts forts pour tirer leur épingle du jeu :

- l'agilité et la flexibilité : elles réagissent rapidement aux opportunités et aux crises, elles adaptent leur message et leur stratégie en temps réel, et leurs structures moins hiérarchisées permettent une prise de décision rapide et une communication directe ;
- la proximité avec leur audience et l'émotion : les fondateurs sont souvent des porte-paroles, qui incarnent les valeurs et la vision de l'entreprise et contribuent à la création d'une marque forte.

CHAPITRE 10

Growth Marketing : vue à 360°

Jordan Chenevier, CEO chez Bulldozer

Thibaut Davoult, VP Growth Ops chez Livestorm

À l'aube de l'émergence des start-up, une nouvelle approche du marketing a vu le jour il y a un peu plus de 10 ans dans les couloirs de la Silicon Valley : le Growth Hacking. Au départ né de la nécessité de générer une croissance rapide avec des ressources limitées, le Growth Hacking était initialement perçu comme un ensemble de tactiques audacieuses, parfois à la limite de l'éthique ou même de la légalité.

Les premiers Growth Hackers étaient souvent des développeurs qui cherchaient des failles dans les systèmes, exploitaient des « loopholes » dans les plateformes sociales, et n'hésitaient pas à repousser les limites pour atteindre leurs objectifs de croissance. Des histoires de réussite spectaculaire, comme celle d'Airbnb utilisant Craigslist (le « Leboncoin » américain) pour booster sa base d'utilisateurs, ont rapidement fait du Growth Hacking le saint Graal des start-up en quête de croissance rapide.

Seulement voilà, à mesure que l'écosystème numérique a mûri et que les régulateurs ont commencé à s'intéresser de près à ces pratiques, le besoin d'une approche plus durable et éthique s'est fait sentir. C'est ainsi que le Growth Hacking a évolué pour devenir ce que nous connaissons aujourd'hui sous le nom de Growth Marketing.

Le Growth Marketing : définition et principes fondamentaux

Le Growth Marketing est devenu une discipline à part entière, qui combine vision à long terme de l'entreprise, créativité, analyse de données et expérimentation méthodique. Il ne s'agit plus simplement de « hacker » la croissance, mais de la cultiver de manière intelligente et pérenne.

Cette évolution reflète une prise de conscience de l'industrie : une croissance durable ne peut être construite sur des tactiques éphémères ou des astuces qui frisent l'illégalité. Au contraire, elle nécessite une compréhension approfondie des besoins des clients, une optimisation continue de l'expérience utilisateur et une capacité à s'adapter rapidement aux changements du marché.

Le Growth Marketing peut être défini comme une approche holistique et data-driven du marketing, qui vise à optimiser chaque étape du parcours client pour maximiser la croissance de l'entreprise. Contrairement au marketing traditionnel, le Growth Marketing ne se concentre pas uniquement sur l'acquisition de nouveaux clients, mais cherche à optimiser l'ensemble du tunnel de conversion, de la sensibilisation à la fidélisation et à la recommandation.

Même s'il est réducteur de dire que le marketing « traditionnel » se concentre exclusivement sur l'acquisition, c'est une tendance de fond qui a profité à l'émergence du « growth ».

Les piliers du Growth Marketing

- Data-driven : les décisions sont basées sur des données plutôt que sur l'intuition.
- Expérimentation continue : tests A/B, itérations rapides et apprentissage constant.
- Focus sur l'ensemble du tunnel de conversion : de l'acquisition à la conversion, rétention et recommandation.
- Cross-fonctionnel : collaboration étroite entre marketing, produit et ventes.
- Scalabilité : recherche de leviers de croissance qui peuvent être mis à l'échelle.

Le modèle CTVP : identifier le bon Go-To-Market

Jordan Chenevier, CEO chez Bulldozer explique : « le CTVP (Channel, Target, Value Proposition) est un modèle que l'on a créé chez Bulldozer - un collectif d'experts en marketing et growth - pour définir et affiner la stratégie de Go-To-Market de nos clients. Il permet de s'assurer que vous ciblez le bon public, avec la bonne proposition de valeur, via les canaux les plus appropriés. »

1. Channel (Canal) : par quel moyen allez-vous atteindre vos clients ?
2. Target (Cible) : qui sont vos clients idéaux ?
3. Value Proposition (Proposition de Valeur) : quelle valeur unique offrez-vous à vos clients ?

> L'idée est de pouvoir tester un ensemble de combinaisons afin d'identifier la ou les plus performantes. Pour chaque combinaison de ces éléments, vous pouvez évaluer le potentiel de croissance et l'adéquation avec vos ressources et capacités.

Le Growth Marketing en action : stratégies et tactiques

Le modèle AARRR (ou « Pirate Metrics »), développé par Dave McClure, est un cadre fondamental du Growth Marketing. Il décompose le parcours client en cinq étapes clés.

1. Acquisition : comment les utilisateurs découvrent votre produit/service ?

L'acquisition est souvent la première préoccupation des start-up. C'est aussi celle qui se rapproche le plus du « marketing traditionnel ». Voici quelques stratégies efficaces :

- SEO (Search Engine Optimization) : optimiser le contenu et la structure du site pour les moteurs de recherche ;
- content marketing : créer du contenu de valeur pour attirer et engager l'audience cible ;
- paid advertising : utiliser des plateformes comme Google Ads, Facebook Ads, LinkedIn Ads pour cibler précisément votre audience ;
- outbound : prospecter de manière automatisée via e-mail, LinkedIn ou autres.

Exemple : Doctolib, la plateforme de prise de rendez-vous médicaux, a misé sur une stratégie SEO agressive pour dominer les résultats de recherche locaux pour les termes liés aux consultations médicales. Cette approche leur a permis de capter un large flux de patients à la recherche de médecins, contribuant significativement à leur croissance rapide en France et en Allemagne.

2. Activation : comment les utilisateurs vivent-ils leur première expérience positive ?

L'activation consiste à faire vivre aux nouveaux utilisateurs leur première expérience positive avec votre produit ou service :

- onboarding personnalisé : guider les nouveaux utilisateurs à travers les fonctionnalités clés du produit ;
- gamification : utiliser des mécanismes de jeu pour encourager l'engagement ;
- segmentation et personnalisation : adapter l'expérience en fonction du profil de l'utilisateur.

Exemple : PayFit, la solution de gestion de paie, a mis en place un processus d'onboarding structuré pour ses nouveaux clients. Chaque entreprise est accompagnée par un expert PayFit qui les guide dans la configuration initiale et s'assure que les premiers bulletins de paie sont correctement générés. Cette approche personnalisée augmente significativement les chances d'activation et de rétention à long terme.

3. Rétention : comment gardez-vous vos utilisateurs engagés et actifs ?

La rétention est souvent considérée comme l'étape la plus cruciale du Growth Marketing, car il est généralement moins coûteux de retenir un client existant que d'en acquérir un nouveau :

- notifications : envoyer des communications ciblées et pertinentes ;
- programmes de fidélité : récompenser les utilisateurs fidèles ;
- amélioration continue du produit : utiliser les feedbacks des utilisateurs pour améliorer constamment l'offre.

Exemple : Aircall, la solution de téléphonie cloud, a mis en place une stratégie de rétention basée sur l'analyse continue de l'usage de leur produit. En identifiant les fonctionnalités les plus utilisées et celles qui posent problème, ils peuvent intervenir de manière proactive auprès des clients à risque de churn et leur proposer des formations ou des solutions adaptées.

4. Revenu : comment monétisez-vous vos utilisateurs ?

Maximiser les revenus par utilisateur est essentiel pour la croissance à long terme de l'entreprise :

- upselling et cross-selling : proposer des produits ou services complémentaires ;
- pricing optimisation : tester différentes structures de prix pour maximiser les revenus ;
- réduction du churn : identifier et résoudre les problèmes qui poussent les clients à partir.

Exemple : Pennylane, la plateforme de gestion financière pour PME, a optimisé ses revenus en proposant une gamme de services complémentaires à son offre de base. En analysant les besoins de ses clients, ils ont pu développer et proposer des modules additionnels (comme la gestion de trésorerie avancée ou l'intégration avec des outils de CRM) qui augmentent la valeur perçue et le revenu moyen par client.

5. Recommandation : comment vos utilisateurs partagent-ils votre produit avec d'autres ?

Transformer vos clients en ambassadeurs de votre marque peut être un puissant moteur de croissance, notamment pour les produits B2C :

- programmes de parrainage : inciter les utilisateurs à recommander votre produit à leurs contacts ;
- User-Generated Content : encourager les utilisateurs à créer et partager du contenu lié à votre produit ;

- gestion de la réputation en ligne : surveiller et répondre aux avis des clients sur les plateformes en ligne.

Exemple : Alma, la solution de paiement fractionné, a mis en place un programme de parrainage attractif pour ses commerçants partenaires. Chaque fois qu'un commerçant en recommande un autre qui s'inscrit sur la plateforme, les deux bénéficient d'avantages (réduction de frais, période d'essai étendue, etc.). Cette approche a permis à Alma d'accroître rapidement son réseau de commerçants partenaires.

LE MODÈLE AARRR ET LES ACTIONS MARKETING LES PLUS UTILES À CHAQUE ÉTAPE

ACQUISITION	Comment les clients potentiels peuvent-ils nous connaître ?	SEO, SEM, blogs, e-mails, RP, affiliation, biz dev, applications, widgets, TV, etc.
ACTIVATION	Comment les clients potentiels peuvent-ils essayer notre produit ?	Homepage, landing page, features produit, etc.
RÉTENTION	Comment les clients potentiels continueront-ils à utiliser notre produit ?	E-mails et alertes, événements système, features temporels,blogs, contenu, etc.
REVENU	Combien deviendront de vrais clients ?	Publicités, biz dev, lead gen, abonnements, etc.
RECOMMANDATION	Est-ce que ces clients vont inviter d'autres clients potentiels ?	Campagnes, concours, e-mails, widgets, etc.

Le modèle AARRR permet aux Growth Marketers de structurer leur approche et de se concentrer sur les métriques les plus pertinentes à chaque étape du tunnel. C'est généralement via l'analyse de données à chaque étape que l'on identifie ce qui « coince » dans la performance de ses clients.

L'importance de l'expérimentation et de l'itération

Le Growth Marketing repose sur un cycle continu d'expérimentation, d'analyse et d'itération. Cette approche, souvent résumée par l'expression « *Fake it until you make it* », encourage les marketeurs à tester rapidement de nouvelles idées, même si elles ne sont pas parfaitement abouties.

Le processus d'expérimentation est :

1. Hypothèse : formuler une hypothèse basée sur les données et observations.
2. Test : concevoir et mettre en place une expérience pour tester l'hypothèse.
3. Mesure : collecter et analyser les données de l'expérience.
4. Apprentissage : tirer des conclusions et des enseignements.
5. Itération : ajuster la stratégie en fonction des résultats et recommencer.

Avis d'expert

Jordan Chenevier, CEO chez Bulldozer

Chez Bulldozer, nous avons appliqué ce processus pour optimiser notre propre stratégie d'acquisition.

1. Hypothèse : nous pensions que personnaliser notre page d'accueil en fonction du secteur d'activité du visiteur augmenterait notre taux de conversion.
2. Test : nous avons créé plusieurs versions de notre page d'accueil, chacune ciblant un secteur spécifique (SaaS, immobilier, santé, etc.).
3. Mesure : nous avons utilisé des outils d'analytics pour mesurer le taux de conversion de chaque version.
4. Apprentissage : nous n'avons pas constaté une augmentation significative du taux de conversion.
5. Itération : nous avons intégré les pages sectorielles dans un menu intitulé Secteurs.

Le mix produit/marketing/vente dans le Growth Marketing

L'une des caractéristiques distinctives du Growth Marketing est son approche holistique, qui transcende les frontières traditionnelles entre les départements. Le succès d'une stratégie de growth repose sur une collaboration étroite entre les équipes produit, marketing et ventes.

La synergie entre growth et produit ne cesse de gagner en importance, notamment pour actionner les leviers du « Product-Led Growth » (PLG). Cette approche place le produit au cœur de la stratégie de croissance. L'idée est que le produit lui-même devient le principal moteur d'acquisition, de conversion et de rétention des utilisateurs. Par exemple, via l'invitation de collaborateurs ou mécanismes de partage et recommandations directement intégrés dans le produit.

Les données d'utilisation du produit alimentent directement son évolution et donc les choix des équipes growth et produit.

Avis d'expert

Thibaut Davoult, VP Growth Ops chez Livestorm

Chez Livestorm, les webinaires de nos clients exposent le produit à leurs propres clients et prospects. Ainsi, 25 % de nos nouveaux utilisateurs proviennent d'un événement hébergé sur Livestorm. Le Product-Led-Growth a aussi un impact moins direct : les pages d'inscription aux webinaires publiées par nos utilisateurs sont hébergées sur le domaine web de Livestorm et génèrent donc des liens entrants. Cela a pour effet d'accélérer notre croissance SEO grâce au contenu publié par nos utilisateurs, plutôt qu'en payant des employés ou une agence RP pour faire ce même travail.

Exemple de « stack » d'outils pour le Growth Marketing

L'arsenal du Growth Marketer comprend une variété d'outils pour chaque aspect de la stratégie. Ces technologies sont les leviers qui permettent d'opérationnaliser les stratégies de croissance à grande échelle. Voici une liste des principaux types d'outils et quelques exemples pour chaque catégorie :

- analytics : Google Analytics, Mixpanel, Amplitude, Contentsquare ;
- CRM : Salesforce, HubSpot, Pipedrive ;
- marketing automation : Marketo, Hubspot, Klaviyo, Customer.io ;
- A/B testing : Optimizely, AB Tasty ;
- SEO : Semrush, Ahrefs ;
- product analytics : Pendo, Heap, June.

> Le choix des outils dépendra de vos besoins spécifiques, de votre budget et de votre stade de croissance. Par exemple, de nombreuses scale-up utilisent Salesforce en CRM, mais son coût et sa complexité opérationnelle le rendent indigeste pour une jeune entreprise. Une stack technologique bien pensée n'est pas une fin en soi, mais un moyen d'exécuter votre stratégie de croissance de manière efficace et scalable.

Le Growth Marketing est peut-être par excellence ce que les entreprises tech savent faire le mieux : il combine agilité, innovation, créativité, analyse de la data pour expérimenter, apprendre et itérer rapidement.

Le Growth Marketing continue d'évoluer rapidement, reflétant les changements technologiques et sociétaux (notamment concernant les enjeux de vie privée). Son avenir sera probablement caractérisé par :

- une plus grande intégration de l'IA et du machine learning dans les processus de décision et d'optimisation ;
- un focus accru sur la création de valeur à long terme plutôt que sur les gains à court terme ;
- une approche encore plus holistique, intégrant des considérations RSE ;
- une personnalisation encore plus poussée, mais dans le respect de la vie privée des utilisateurs ;
- une importance croissante des compétences analytiques et techniques pour les marketeurs ;
- un rapprochement toujours plus étroit avec le produit sur les problématiques d'activation et de rétention.

Pour les futurs leaders du marketing, le défi sera de maîtriser non seulement les aspects techniques du Growth Marketing, mais aussi de développer une compréhension approfondie des implications sociétales de leurs stratégies.

CHAPITRE 11

Affiner la segmentation et l'ICP pour maximiser l'acquisition et la rétention

David Remaud, CMO chez iBanFirst

Se focaliser sur un sous-ensemble de clients bien ciblés est la clé d'une offre optimale, qui maximise la satisfaction des clients et les revenus. C'est ce qu'on appelle bien définir son profil de client idéal, ou Ideal Customer Profile en anglais.

Selon le même principe, si on arrive à trier les clients et à regrouper ceux qui se ressemblent dans leur comportement et l'usage de votre produit, on maximise encore plus la performance de l'entreprise. C'est ce qu'on appelle « segmenter » ses clients.

Un segment en particulier : le client idéal ou Ideal Customer Profile

L'avantage de regrouper ses clients par catégorie permet aux équipes marketing et produit d'identifier, de développer et de promouvoir les fonctionnalités clés par catégorie de clients. Chez iBanFirst, par exemple, la majorité de nos clients souhaitent que notre plateforme de paiement à l'international soit connectée à leur système comptable ou à leur ERP. Or, il existe des centaines voire des milliers d'outils et de protocoles de connectivité. Nous avons identifié qu'en regroupant les entreprises par taille, revenu et nombre de salariés, nous pouvions développer des connecteurs qui répondent au besoin de tout un segment.

Pour maximiser la croissance d'une entreprise, on aimerait s'appuyer sur les clients les plus rentables. Malheureusement, ou heureusement, on ne peut pas toujours les filtrer en amont et on se retrouve après quelques années avec un portefeuille de clients plus ou moins rentables.

L'avantage de trier/segmenter les clients en fonction de leur rentabilité est de pouvoir offrir le niveau de service le mieux adapté à chaque segment de clients en fonction du revenu qu'il ramène.

L'ICP est le client idéal que vous aimeriez avoir en quantité infinie car il est celui qui vous rapporte le plus et qui aime le plus votre produit. L'ICP est souvent demandé par les investisseurs car c'est une garantie de focalisation de vos efforts et donc d'optimisation de leur retour sur investissement.

Voici une liste non exhaustive d'usages de l'ICP :

- quand il faut arbitrer, on priorise toujours l'ICP;
- on maximise le Product Fit, les fameuses fonctionnalités indispensables si on connaît bien son ICP;
- on peut optimiser le Go-To-Market, en nouant par exemple des partenariats avec des sociétés partageant le même ICP;

- on peut définir une taille de marché «réaliste» qui correspond à l'ICP. Si vous vendez des vêtements en ligne, vous pouvez toujours dire que votre marché global est de x milliards, mais la réalité est que votre vrai marché est celui des vêtements achetés par votre ICP, typiquement dans quelques pays cibles et pour des tranches d'âge bien définies;
- quand on parle concurrence, l'ICP est souvent la clé pour pouvoir se démarquer et développer la fameuse proposition de valeur unique ou Unique Selling Proposition (USP) en anglais. En effet, si vous avez la chance d'être seul ou peu nombreux à servir le même ICP, vous aurez de grandes chances d'être les meilleurs car vous seul aurez compris les besoins de ces clients.

Avoir un ICP bien défini ne veut pas dire qu'on abandonne les autres segments «non-ICP». Chez iBanFirst, notre ICP est les PME qui font des transactions à l'international. Mais notre plateforme est aussi utilisée et fortement appréciée par d'autres types de clients qui ne sont pas dans l'ICP : des fonds d'investissement ou des sociétés immobilières par exemple. Nous développons bien sûr ces autres segments clients, mais nous veillons toujours à ce que notre ICP représente plus de 80 % de notre revenu total pour rester focalisé et maximiser notre croissance.

Avis d'expert

Priscilla Cavrois, Head of Marketing chez Memo Bank

Lors du lancement de Memo Bank, une banque pour les entreprises, nous avions choisi de cibler les PME françaises (il y en a 140 000 en France). Peu de PME se reconnaissaient dans nos messages car leurs problématiques étaient trop diverses. Une étude de notre portefeuille clients a rapidement mis en avant deux groupes avec deux motivations d'achats différentes : les PME avec peu de partenaires bancaires à la recherche d'une banque moderne et les PME avec des problématiques de paiements complexes et/ou volumiques. Le second segment est plus générateur de revenu même si la taille du marché est plus petite. Nous avons choisi de consacrer 70 % de nos efforts produits, marketing et commerciaux sur ce second segment. Ce choix a apporté beaucoup plus de clarté dans les prises de décision des différentes équipes.

Comment segmenter vos clients

L'ICP est en fait le premier niveau de segmentation clients, la segmentation «chapeau» qui permet de faire un premier tri. On pourra ensuite sous-segmenter l'ICP pour affiner son approche commerciale ou son offre produit.

Les 4 règles de la segmentation

Vous trouverez quantité de sociétés, consultants et solutions à base d'IA qui vous promettent de vous aider à faire une segmentation de vos clients. Je recommande de faire une grande partie du travail soi-même en suivant les 4 règles suivantes :

- utiliser la data pour rationaliser la segmentation ;
- viser une segmentation pérenne qui vous servira pendant plusieurs années ;
- avoir une segmentation partagée entre tous les départements de l'entreprise : produit, vente, finance, marketing...
- segmenter l'ensemble de la base client et ne pas avoir de clients « indéterminés ».

Comme nous l'avons vu, de la segmentation client va découler des décisions stratégiques qui impacteront le long terme. Il faut donc éviter ;

- une segmentation fondée sur l'intuition : « j'ai eu 2 clients au téléphone qui disaient la même chose, faisons en un segment. » Vous pouvez partir bien sûr de vos intuitions mais la data devra vous aider à arbitrer ;
- une segmentation du marketing qui ne concerne que le marketing. L'objectif est que la vente, le produit, les opérations et la finance utilisent aussi la même segmentation ;
- de changer tout le temps la segmentation. Vous allez perdre l'organisation, ne plus comprendre les décisions du passé et vous risquez de vous défocaliser ;
- les « autres » : tout ce que vous n'avez pas pu trier par manque de données. Votre segmentation doit être globale sinon vous risquez de biaiser vos décisions.

Combien de segments faut-il faire ?

Dans un monde idéal, on voudrait multiplier le nombre de segments pour avoir des approches les plus personnalisées possible sur des petits groupes de clients. On parle dans ce cas de micro-segmentation. La micro-segmentation se base souvent sur des critères de segmentation dynamique et est très souvent utilisée en B2C.

Sachant que chaque segment nécessite une approche spécifique (canal, ciblage, contenu, etc.), la multiplication des segments peut très vite devenir complexe et nécessiter beaucoup de travail manuel et donc de personnes. De mon point de vue, la micro-segmentation ne s'entend que si on peut automatiser, typiquement avec de l'IA, la génération des segments et l'adaptation des campagnes correspondantes.

En B2B, j'aurais tendance à limiter le nombre de segments clients pour maximiser la valeur que l'on peut tirer de chaque segment avec une approche itérative.

1. Définir son ICP. S'il s'avère que vous avez deux groupes de clients très différents et de poids équivalent qui représentent plus de 80 % de votre revenu, vous avez peut-être intérêt à créer 2 lignes de produits avec des ressources commerciales, marketing, produit et tech dédiées. C'est un peu comme si vous aviez 2 sociétés différentes adressant 2 marchés différents.

2. Au sein de l'ICP, il faut identifier les enjeux principaux que l'on veut adresser (coût d'acquisition, profitabilité des clients, roadmap produit, Go-To-Market spécifique, défense face à un concurrent...) et essayer de dégager 3 à 5 segments maximum qui ont des indicateurs radicalement différents. Commencez à jouer avec ces segments, à les partager au sein de l'organisation, à maximiser la valeur de chacun des groupes de clients. Il vous faudra sûrement plusieurs mois, voire quelques années, avant de bien les maîtriser et pouvoir passer à un niveau de segmentation supplémentaire.
3. Ne pas oublier de sous-segmenter les non-ICP. Ces groupes de clients représentent peut-être de plus faibles revenus aujourd'hui, mais sont la source de croissance de demain et un potentiel nouvel ICP à long terme.

J'entends souvent des personnes qui souhaitent sous-segmenter par canal d'acquisition. Pour moi, c'est une erreur. Un segment définit un ensemble de clients, indépendamment de la façon dont vous les avez acquis.

Et les personas dans tout ça ?

Un persona est une représentation fictive d'une catégorie de vos acheteurs, identifiée par un comportement et un profil psychologique communs. En marketing, on travaille beaucoup sur les personas, pour mieux comprendre comment toucher les personnes que l'on cible, en identifiant par exemple quels médias ils consultent, quand ils sont le plus disponibles, ou quels mots-clés utiliser pour les toucher.

En B2C, le client étant un individu, on peut donc considérer que les personas et les segments sont équivalents. On profitera du travail de segmentation des clients pour affiner les différents personas.

En B2B, les clients et les segments sont des entreprises, alors que les personas sont les représentants de ces entreprises, souvent les acheteurs ou les utilisateurs de votre service. En théorie, il faudrait identifier les différents personas pour chaque segment de clients. On peut très vite aboutir à un nombre de personas très important, donc impossible à gérer. L'idéal est d'avoir des personas qui sont communs à plusieurs segments. Par exemple, si vos segments clients sont faits par secteur d'activité et qu'un de vos personas est le directeur financier, vous pourrez en faire un persona commun, car les directeurs financiers ont souvent des métiers et des comportements similaires indépendamment du secteur d'activité.

Les outils pour faire une bonne segmentation

Comme évoqué précédemment, vous trouverez des dizaines d'outils qui vous promettent une segmentation parfaite.

- Exploitez au maximum les données et les segments de votre CRM, qui propose en plus souvent des modules comme Einstein Prediction chez Salesforce, pouvant vous aider à identifier les caractéristiques communes entre des groupes de clients.
- Les dashboards de visualisation, comme Tableau ou QlikView : certaines personnes préfèrent visualiser les données pour les interpréter. J'essaye toujours de montrer sous forme de graphe les analyses de clients afin de pouvoir échanger sur des segments clients avec d'autres personnes de l'entreprise.
- Les outils IA qui vont extraire des segments de clients à partir de centaines de caractéristiques : basés sur des algorithmes de Machine Learning, Deep Learning ou IA générative, vous les nourrissez avec l'ensemble des données de vos clients, en leur demandant d'identifier les caractéristiques communes des clients ayant un certain comportement ou un niveau de revenu donné. Chez iBanFirst, nous avons travaillé avec nos data scientists, Einstein Prediction de Salesforce et la société Aible, et avons obtenu des résultats impressionnants : l'IA nous indiquait par exemple que les opportunités avec les meilleurs taux de conversion avaient comme caractéristique commune le nom d'un vendeur (notre meilleur vendeur !), ou encore elle retrouvait la liste des produits qui rapportaient le plus d'argent grâce à un champ caché dans notre CRM. Malheureusement, l'IA se trompe aussi souvent, génère des faux positifs et vous amène sur de fausses pistes. Nous avons ainsi arrêté les expérimentations de segmentation par IA car nous n'avions pas assez de données caractérisant des clients dans notre CRM. On compte en centaines de caractéristiques pour des milliers de clients, ce qui n'est pas suffisant. Il faut des millions de points de données pour que l'IA soit pertinente sur la segmentation.
- Les Customer Data Platforms ou « CDP », comme Segment, Blueshift ou Totango, sont des sortes de CRM dont l'objectif est d'agréger toutes les données statiques et dynamiques de vos clients afin de faciliter leur segmentation automatique. Ils intègrent souvent des systèmes de règles (workflow en anglais) qui permettent de générer automatiquement des campagnes à partir des segments.
- Pour finir cette liste non exhaustive d'outils, je citerai LinkedIn qui offre une fonctionnalité dite de « lookalike ». LinkedIn dispose de beaucoup de données sur les entreprises dans le monde et peut fournir des listes d'entreprises présentant des similitudes avec vos clients. Vous pouvez par exemple l'utiliser pour vous aider à trouver au sein de vos clients ceux qui se ressemblent.

La segmentation, c'est un peu comme la cuisine ! Les start-up et entreprises tech ont créé leur propre recette : prendre quelques conseils de grand-mère (les critères de segmentation classique), avoir de bons ingrédients (la donnée), expérimenter (itérer sur la segmentation) et ajuster l'assaisonnement en temps réel en s'appuyant sur les retours de leurs convives (le reste de l'organisation) !

CHAPITRE 12

Marketing ciblé : ABM et outbound

Selma Chauvin, CMO chez Skillup

Jordan Chenevier, CEO chez Bulldozer

L'ABM (ou Account-Based Marketing) est une tactique d'acquisition de business hyperpersonnalisée. On cible des comptes/entreprises auxquels on souhaite vendre, avec des messages précis adaptés au contexte de l'entreprise et des personas cibles qui y travaillent.

L'ABM est particulièrement efficace dans un contexte B2B pour plusieurs raisons : cycles de vente complexes, valeur client élevée, relations à long terme et besoin de personnalisation.

L'ABM, une stratégie purement marketing ?

On pense souvent à l'ABM comme une tactique « en plus » à ajouter à une liste d'actions marketing. Au contraire, c'est passer d'une approche par contact (marketing traditionnel) à une approche par compte (ABM).

Contrairement à ce que son nom indique, ce n'est pas une initiative purement marketing. C'est une approche qui nécessite que tous les acteurs business soient coordonnés, du marketing aux SDR et service commercial.

Le marketing a pour rôle :

- d'établir le profil des comptes cibles (vertical, taille d'entreprise, pays/langue, fonctions des personnes jouant un rôle dans l'achat du produit) ;
- de créer une stratégie marketing (contenu, méthode de distribution) précise et adaptée à chaque compte ou typologie de comptes/contacts ;
- de mettre en place une méthode d'identification de maturité des comptes.

Le SDR (Sales Development Representative) a pour rôle de créer des séquences de messages afin de contacter les comptes choisis, selon leur maturité et leur degré de connaissance du produit.

> Chez UKG, société de gestion de la main-d'œuvre et des ressources humaines, les SDR américains envoyaient un courrier manuscrit personnalisé avec une pochette d'iPad. Le commercial proposait de venir au rendez-vous avec l'iPad… Cette simple tactique représentait 30 % du volume de rendez-vous annuels.

Le commercial a pour rôle :

- d'identifier le besoin du compte ;
- de définir les étapes suivantes en coordination avec les équipes marketing et SDR :

- un besoin a été identifié, avec un budget défini ? Le commercial garde la main et progresse dans le compte ;
- un besoin a été identifié, mais des obstacles risquent de surgir ? Le commercial garde la main, mais les autres équipes peuvent aussi mener des actions complémentaires sur d'autres contacts du compte ou créer du contenu encore meilleur ;
- pas de besoin identifié ? On définit ensemble qui garde le contact.

Avis d'expert

Selma Chauvin, CMO chez Skillup

Quand je suis arrivée chez Skillup – un outil de gestion des talents (formation, entretiens…) – en mai 2023 en tant que CMO, l'essentiel de la génération de business se passait via appels froids de l'équipe SDR et Sales. Est-ce que cela fonctionnait ? Oui, cela a permis de lancer l'entreprise. Est-ce que c'était coûteux, chronophage, et absolument pas scalable ? Oui, également. Mon premier défi a été de faire passer l'entreprise de l'outbound à une approche majoritairement inbound et marketing-driven. Pour ce faire, la mise en place de l'ABM a été essentielle.

Quand utiliser l'ABM ?

L'ABM est particulièrement efficace lorsque le marché adressable est clairement défini et quantifiable. La stratégie ABM devient généralement un « must » auprès des clients lorsqu'ils combinent un ensemble de critères bien définis :

- **market-fit trouvé :** une stratégie ABM réclame un investissement assez conséquent et personnalisé, il vaut mieux être sûr que sa cible soit la bonne !
- **marché niche :** si votre produit s'adresse à un segment spécifique (par exemple, les entreprises de biotech de plus de 500 employés), l'ABM permet de concentrer vos ressources sur ce groupe restreint ;
- **taille de marché limitée :** lorsque le nombre total de clients potentiels est relativement faible (quelques centaines ou milliers), une approche personnalisée devient non seulement possible mais nécessaire ;
- **données disponibles :** l'ABM repose sur la capacité à identifier et qualifier précisément les comptes cibles. Cela nécessite des données fiables sur les entreprises du marché ;
- **ressources limitées :** avec un nombre défini de prospects, vous pouvez allouer efficacement vos ressources marketing et commerciales.

La méthodologie pour mettre en place une bonne stratégie d'ABM

Jordan Chenevier et Maxime Wieczorek, Growth Marketer chez Skillup, nous ont partagé leur méthode et leurs outils fétiches.

La création de la liste de comptes

1. **Recherchez des comptes et contacts :** identifiez les comptes ciblés dans l'ICP (taille de l'entreprise, secteur d'activité, etc.). Pour cela, vous pouvez utiliser LinkedIn Sales Navigator et Crunchbase lorsque vous recherchez des informations plus précises (résultats de croissance financière et humaine, levée de fonds...), et Apollo ou Clay pour la recherche de comptes et contacts (Pharow ou SocieteInfo en France).
2. **Scrapping :** exportez et nettoyez la liste de comptes grâce à Evaboot, PhantomBuster, ou encore Instant Data Scraper avant d'intégrer les comptes ciblés dans un outil marketing.
3. **Enrichissez avec les bonnes données :**
   - comptes : hiérarchie des comptes et méthode d'identification unique (SIREN, DUNS), grâce à ZoomInfo, Crunchbase, Demandbase ;
   - contacts : nom, prénom, intitulé de poste, e-mail et numéro de téléphone. Un conseil : utilisez la notion de « job role » standardisé plutôt que le vrai « job title », qui permet d'uniformiser département et niveau de responsabilité. Pour cela, vous pouvez utiliser : Dropcontact (e-mails), Datagma (e-mails et numéros de téléphone), Nomination (base de données de contacts et entreprises avec e-mails et numéros de téléphone), Clearbit ou FullEnrich pour l'enrichissement de données.
4. **Maintenance :** mettez en place un process clair de qualification de tout nouveau contact ou compte créé, de façon automatisée si possible, pour maintenir un niveau de propreté de la base à +95 %.

> Le marché des « data providers » évoluant rapidement, il est important de ne pas s'arrêter à ces outils et d'en tester régulièrement de nouveaux.

Définir qui rentre dans un programme ABM : le scoring

Pour identifier le meilleur traitement pour chaque compte, Maxime utilise le scoring :

- scoring ICP : le prospect correspond-il à notre cible ICP ? (taille d'entreprise, secteur d'activité, pays, fonction du prospect…) ;
- scoring comportemental : le prospect est-il chaud ou froid ? (nombre de clics sur nos livres blancs, demande de démo/devis, nombre de visites du site…).

Si le compte a assez de points, il est traité immédiatement par un SDR et éligible à une démarche d'ABM jusqu'à prise du rendez-vous. Les comptes éligibles sont revus chaque trimestre.

> Utiliser une grande échelle de points permet d'avoir la granularité la plus fine possible.

Julie Asselin, VP Marketing chez 365Talents, utilise même le terme MQA (Marketing Qualified Account) entre sales et marketing. Le scoring se fait sur le nombre de contacts/leads sur le compte, leur rôle dans l'entreprise, leur engagement, leur alignement avec l'ICP.

Les différentes stratégies d'ABM

On distingue les trois stratégies suivantes.

One-to-Many, l'ABM ambitieux

L'approche One-to-Many en ABM est souvent perçue comme le Saint Graal du marketing B2B : la capacité de toucher un large public tout en maintenant un niveau de personnalisation élevé. Mais son succès dépend fortement de la maturité de l'entreprise et de sa capacité à déployer des ressources de manière stratégique.

Voici les indicateurs que Jordan Chenevier recherche avant de recommander cette approche :

- **product-market fit validé :** l'entreprise doit avoir un product-market fit clair. Par exemple, chez Aircall, une campagne One-to-Many a été lancée car leur solution de téléphonie cloud était adoptée par un segment significatif du marché ;
- **équipe marketing structurée :** une équipe capable de produire du contenu de qualité à l'échelle est cruciale. Chez Jahia, un éditeur CMS et de Digital Experience

Platform, Bulldozer a ainsi travaillé à la mise en place d'une équipe contenu avant de déployer leur stratégie d'ABM;

- **bonne capacité d'investissement :** campagnes à fort budget (événementiel, LinkedIn Ads) et outils puissants côté CRM (HubSpot ou Salesforce).

Pour optimiser au maximum les ressources et le ROI, Jordan aborde souvent le sujet en parlant de création d'« écosystèmes » autour de l'audience cible. Ces écosystèmes sont composés de trois piliers :

- **paid media :** utilisation de LinkedIn Ads pour sa précision de ciblage B2B. Par exemple, cibler spécifiquement les directeurs IT dans les entreprises de 500 à 1000 employés, avec un contenu adapté à leurs problématiques;
- **outbound :** combiner l'automatisation avec une touche personnelle. Avec l'aide d'outils comme SocieteInfo pour le marché français, Bulldozer identifie les décideurs clés et crée des séquences de prospection multicanales (e-mail, LinkedIn, téléphone et même courrier);
- **content marketing :** Bulldozer crée du contenu de valeur adapté à chaque étape du tunnel. Pour un de leurs clients, ils ont développé une série de webinars spécifiques aux défis des industries adressées.

Cette approche triangulaire permet de maximiser la visibilité et l'engagement.

One-to-Few, l'ABM de précision

Contrairement à l'approche One-to-Many qui vise un public plus large, le One-to-Few mise sur une personnalisation poussée et une attention particulière à chaque compte ciblé.

Cette approche est bien plus intensive en ressources, mais elle peut offrir un ROI exceptionnel lorsqu'elle est correctement exécutée.

Généralement, Jordan recommande le passage au One-to-Few dans les situations suivantes :

- produits ou services à haute valeur ajoutée : lorsque le ticket moyen est élevé, l'investissement dans une approche personnalisée se justifie pleinement;
- cycles de vente longs et complexes : dans les secteurs où la décision d'achat implique de nombreux décideurs et peut prendre plusieurs mois, le One-to-Few permet de maintenir un engagement constant et personnalisé;
- marchés de niche : pour les entreprises ciblant des secteurs très spécifiques, une approche générique serait inefficace;
- expansion sur de nouveaux marchés : lors de l'entrée sur un nouveau segment, le One-to-Few permet de créer rapidement des références solides.

Fort de ces expériences, Bulldozer a développé une approche structurée (mais flexible) du One-to-Few. Elle se décompose en plusieurs étapes clés :

1. **Identification et sélection des comptes** pour identifier les comptes à plus fort potentiel sur le marché.
2. **Recherche approfondie :** analyse de leurs enjeux, leurs particularités et leur écosystème.
3. **Création de contenu sur mesure :** développement de contenu spécifique pour chaque segment, allant des livres blancs personnalisés aux présentations sur mesure.
4. **Engagement multicanal :** LinkedIn, e-mail, téléphone et même courrier physique.
5. **Événements exclusifs :** micro-événements, webinars privés ou dîners d'affaires pour créer des interactions directes et personnelles.
6. **Mesure et itération :** suivi constant des KPI pour chaque compte, avec des ajustements en temps réel de la stratégie.

Divers outils sont utilisés : Fullenrich pour l'enrichissement de données avancées; Clay pour une personnalisation poussée (et notamment la captation de signaux et « intents »); JeudiMerci pour l'envoi de cadeaux personnalisés.

Malgré l'efficacité de la méthode, vous allez faire face à plusieurs défis :

- **ressources intensives :** Jordan recommande de commencer par un pilote sur un nombre restreint de comptes pour prouver le ROI avant de scaler;
- **création de contenu à l'échelle :** utilisation d'une approche modulaire, créant des « blocs » de contenu réutilisables et personnalisables pour différents segments;
- **risque de « tunnel vision » :** se concentrer sur quelques comptes peut faire manquer d'autres opportunités. Il faut réévaluer régulièrement la liste des comptes cibles;
- **pression des résultats :** bien identifier ses KPI de succès et valoriser les insights marché obtenus et les relations construites;
- **alignement interne :** le One-to-Few nécessite une collaboration étroite entre marketing, vente et service client. Jordan recommande l'utilisation de workshops d'alignement et la mise en place d'outils de collaboration comme Notion pour assurer une communication fluide.

One-to-One, l'ABM à la pointe

Généralement, le passage au One-to-One est recommandé dans les situations suivantes :

- recherche de monopole sur un segment de marché;
- marché ultra-mature;
- ABM One-to-Few et One-to-Many déjà actifs, auxquels le compte n'a pas répondu.

Chez UKG, où Selma Chauvin a dirigé le marketing international entre 2017 et 2023, certains marchés comme la France étaient ultra-matures, avec peu de comptes non démarchés. Il était possible de mettre en place des stratégies ultra-ciblées sur des comptes bien précis. L'approche One-to-One était disponible pour le top 10 % des comptes, sélectionnés par l'équipe commerciale, sous conditions :

- le compte devait n'avoir pas réagi aux autres approches ABM pendant au moins 2 trimestres ;
- l'ARR attendu devait être au-delà de 100 000 € ;
- le sales devait être prêt à faire les efforts nécessaires de son côté.

Comme pour le One-to-Many et le One-to Few, le travail de fond est fait sur l'identification des contacts et la création de contenu et de tactiques sur mesure, par exemple :

- la création de contenu dédié uniquement à un compte (jusqu'à la création d'un site web complet) ;
- l'hospitality : budget d'invitations à des événements exclusifs et rares ;
- des réunions mensuelles afin de coordonner les efforts et la pression sales, SDR et marketing.

Cette stratégie consomme énormément de temps et de ressources. Les équipes CSM, partenaires ou produit peuvent aussi être intégrées dans votre plan One-to-One si vous souhaitez qu'il soit efficace.

> Limitez la casse ! Si un compte, malgré tous vos efforts, reste muet pendant 6 mois, c'est qu'il est peut-être temps de l'attaquer différemment. Variez les tactiques autant que possible.

L'ABM est vraiment une marque de fabrique des entreprises tech : c'est une tactique unique, agile et personnalisée qui nécessite débrouillardise et ingéniosité. Vous savez désormais tout sur l'ABM : quand choisir de mettre en place une telle approche, comment choisir les comptes cibles, comment constituer votre liste dans vos systèmes et comment collaborer avec les autres acteurs business… Êtes-vous prêts à vous lancer ?

CHAPITRE 13

Réseaux sociaux et marketing d'influence

Agnès Mossina, CMO chez Le Collectionist

Gaëlle Le Goff, Part-Time CMO

« Le Collectionist ? Votre Instagram me fait rêver ! » Ce genre de retour fait plaisir, mais l'impact du social media va bien au-delà ! Souvent perçu comme un canal facile et peu coûteux, le social media pèse lourd dans la valorisation de l'entreprise. Il a le pouvoir d'influencer la perception de votre marque par les journalistes, les candidats ou les actionnaires.

L'équilibriste digital, le paradoxe du social media

L'un des pièges du social media est de se laisser happer par les attentes des dirigeants souvent tentés par des résultats rapides et spectaculaires, tout en dépensant le moins possible. Pour maintenir un équilibre entre ambition et réalisme, définissez des objectifs clairs et choisissez vos combats (par exemple, identifiez clairement votre réseau phare, vos deux réseaux prioritaires, et ceux que vous mettez sciemment de côté).

Cohérence, régularité, persistance : le triptyque gagnant

Pour un alignement avec la stratégie de l'entreprise, l'intégration du social media requiert de la :

- **cohérence :** du positionnement au choix des réseaux en passant par la direction artistique. Cela paraît logique, mais il est important de ne pas sous-évaluer les changements de contextes auxquels se heurtent les start-up au fil de leur développement. Votre stratégie doit en permanence être différenciante sur le marché, résonner avec votre cible et être en adéquation avec votre ADN ;
- **régularité :** pour maintenir l'engagement de votre audience. Cela implique d'établir un calendrier éditorial. Il vous aidera à rester cohérent, à planifier vos contenus, à intégrer des processus de validation et à prévenir le stress des équipes ;
- **persistance :** pour construire une communauté engagée et avoir un réel impact sur votre marque, il faut du temps. Testez différents formats et fréquences, identifiez les publications les plus performantes sur chaque réseau et pour chaque audience, ajustez votre stratégie aux évolutions des plateformes et des tendances.

Jongler entre visibilité et discrétion

Définir sa ligne éditoriale est un exercice délicat dans la tech où l'innovation règne et la concurrence est féroce. Le dilemme entre transparence et confidentialité est constant. Une solution est d'opter pour une approche hybride.

En proactif :

- storytelling segmenté : le CEO prend la parole « en continu » sur la vision et les succès, alors que le Chief Product Officer s'exprime, moins fréquemment, sur les innovations pour présenter leur impact sur l'expérience client ;
- teasing : la marque présente des bribes de nouvelles fonctionnalités pour tester l'intérêt et créer du FOMO (Fear of Missing Out).

En réactif :

- gestion de crise : pour éviter de réagir sous l'effet de la panique, prévoyez un plan de communication prêt pour différents scénarios, de la faille de sécurité au retard de lancement ;
- un outil de veille comme Mention permet de monitorer les conversations autour de votre marque et de vos concurrents, pour adapter votre stratégie en temps réel.

Finalement, le vrai défi n'est pas d'être omniprésent, mais d'être stratégiquement visible.

Avis d'expert

Gaëlle Le Goff, Part-Time CMO

Le whisper marketing permet d'exploiter la curiosité naturelle de votre audience et de générer de la croissance via l'effet de réseau.

Les actions peuvent prendre différentes formes. Dans notre cas, nous avons utilisé cette approche pour le lancement d'une fonctionnalité attendue d'une des start-up que j'accompagne :

- Nous avons invité 30 data scientists triés sur le volet à un événement exclusif avec démo privée.
- Nous avons laissé fuiter un screenshot sur Twitter.
- Le CEO a fait des allusions lors d'une conférence tech.

Résultat ? Des spéculations sur les forums tech qui ont conduit à une accélération des inscriptions sur la liste d'attente pour tester la fonctionnalité.

Dans les coulisses : structurer efficacement votre équipe et le suivi social media

Il n'est pas simple, particulièrement dans les réseaux sociaux, de savoir comment organiser son « équipe ». Entre les équipes internes, les freelances et les agences, de nombreuses solutions existent.

Internalisation vs. externalisation : trouver le bon équilibre

Les CMO font souvent face au dilemme de l'internalisation versus l'externalisation des réseaux sociaux. Internaliser permet un contrôle plus direct mais est très chronophage. À l'inverse, externaliser libère du temps mais peut entraîner une perte de flexibilité. Il n'y a pas de solution universelle, la décision dépend du stade de développement de l'entreprise et de ses priorités immédiates.

LES AVANTAGES ET INCONVÉNIENTS DE L'INTERNALISATION ET L'EXTERNALISATION

	Internalisation	Externalisation
Avantages	• Maîtrise de l'ADN de l'entreprise • Réactivité aux actualités internes, essentielle pour la communication rapide	• Expertise spécialisée immédiate • Flexibilité pour absorber les pics d'activité ou gérer des besoins ponctuels
Inconvénients	• Consomme du temps et des ressources internes • Risque de perte d'efficacité si mal gérée	• Perte de contrôle sur la stratégie • Distance par rapport à la culture et aux valeurs de l'entreprise
Idéal pour	• Start-up cherchant à contrôler son image • Entreprise ayant besoin de réactivité	• Scale-up ayant des besoins spécifiques et une expertise pointue • Gestion de tâches techniques ou répétitives

Avec l'expérience, on a constaté qu'un modèle hybride fonctionne souvent le mieux. Conserver en interne la stratégie et la gestion quotidienne permet de maintenir le contrôle, tout en externalisant les tâches plus spécialisées comme la création de contenu ou l'analyse de données.

Quelle que soit l'approche, il est essentiel de rester flexible et d'adapter régulièrement votre organisation à l'évolution de votre entreprise pour maximiser votre budget et vos ressources.

Positionnement du social media

Le positionnement du social media dans l'organigramme peut varier selon l'organisation et les objectifs de l'entreprise. Il est parfois positionné au sein des équipes communication, marketing ou de la direction générale.

Le choix dépend des objectifs. S'ils sont orientés vers la réputation et la notoriété de marque, il est pertinent que le social média soit géré par les équipes communication. Si les objectifs sont orientés business, la pratique est de rattacher le social media au marketing (générer des leads, impact sur le chiffre d'affaires, affiner le ciblage et la personnalisation).

Quelle que soit la décision, il est important d'évaluer régulièrement ce positionnement car les besoins peuvent évoluer avec la croissance de l'entreprise. Enfin, assurez-vous de mettre en place des mécanismes de coordination efficaces avec les autres départements pour garantir une stratégie social media alignée et performante.

Mesurer l'impact réel : KPI stratégiques pour les réseaux sociaux

Qui n'a jamais été tenté de mettre en avant des Vanity Metrics (ou « indicateurs superficiels ») pour impressionner en réunion ? Il est tellement facile de faire briller les dashboards avec des taux de croissance impressionnants. Mais on le sait, ces données ne reflètent ni l'engagement réel de votre communauté, ni l'impact sur vos objectifs business.

Il faut donc aller au-delà en se concentrant sur des KPI stratégiques. Qu'ils soient orientés performance ou branding, ils doivent être analysés avec précision pour alimenter des décisions éclairées.

Distinction entre KPI de branding et de performance

Les indicateurs de branding mesurent la manière dont votre communauté perçoit et interagit avec votre marque. Ils incluent le reach, l'engagement et la valeur média (EMV). Ils sont essentiels pour comprendre la notoriété et l'attrait de votre marque.

Les indicateurs de performance mesurent, eux, l'efficacité des campagnes sur les réseaux sociaux pour générer des leads.

Ces deux types d'indicateurs sont complémentaires, mais ils répondent à des objectifs différents. Pour aller plus loin et faire le lien entre branding et performance, vous pouvez utiliser :

- **le Share of Search :** cet indicateur mesure la part des recherches sur votre marque par rapport à vos concurrents. Il reflète un intérêt croissant ou décroissant pour votre marque sur les moteurs de recherche et peut être un indicateur avancé de l'intention d'achat ;
- **le modèle de contribution :** cet outil permet de comprendre où et comment les réseaux sociaux influencent le parcours d'achat du client, même si une publication ne génère pas de clic immédiat. Le *post-view*, par exemple, peut avoir un effet à plus long terme sur la décision du client ;
- **Marketing Mix Modelling :** c'est l'analyse statistique avancée d'évaluation de l'impact des différents canaux marketing dans la performance globale. Il permet de réajuster les investissements sur chaque levier.

Le Dark Social : exploiter les zones grises du marketing social

Une part importante des interactions sociales se déroule dans l'ombre : c'est le Dark Social. Il inclut les partages via des messageries privées, les discussions dans des groupes fermés ou les échanges en direct. Ces interactions, qui représentent plus de 80 % des partages en ligne, échappent aux outils de suivi classiques alors qu'elles influencent fortement les décisions d'achat. Ignorer cette partie invisible des réseaux sociaux peut entraîner une sous-évaluation du rôle des réseaux dans le parcours client.

Pour exploiter et mesurer le Dark Social :

- utilisez des liens UTM personnalisés pour chaque campagne ou contenu partageable. Même s'ils sont partagés via des canaux privés, vous pourrez tracer leur origine ;
- analysez le trafic direct : une augmentation soudaine du trafic direct peut indiquer un partage viral via le Dark Social. Croisez ces données avec vos campagnes en cours ;
- intégrez des boutons de partage « privés » vers WhatsApp, Messenger, etc. sur votre site pour mieux tracer ces partages ;
- investissez dans la création et l'animation de groupes ou de communautés privées. Bien qu'il soit difficile de mesurer toutes les interactions, vous pouvez suivre l'engagement et la croissance de ces groupes.

Adapter son reporting pour qu'il soit compréhensible par les équipes dirigeantes

En tant que CMO, votre rôle est de traduire ces données en insights actionnables :

- contextualisez toujours vos résultats. Par exemple, une campagne peut sembler peu performante en termes de conversions directes, mais avoir un impact significatif sur la notoriété de marque ;
- utilisez des visualisations claires et des storytellings data pour présenter vos résultats au conseil d'administration ;
- liez toujours vos KPI sociaux aux objectifs globaux de l'entreprise.

Voici un exemple d'une story publiée par une influenceuse célèbre, actrice d'une série Netflix, avec Le Collectionist : le tableau de bord analytics montre 200 sessions et 2 leads. Au premier abord, ces chiffres peuvent sembler décevants. Cependant, en élargissant la perspective, nous avons constaté :

- + 2000 abonnés dans la communauté ;
- des contenus que l'on pourra réexploiter ;
- un sourcing facilité : les prospects propriétaires de villas notent la crédibilité de la marque et certains actuels propriétaires proposent leur villa pour des séjours d'influence (cercle vertueux) ;
- une equity story globalement renforcée.

L'impact à long terme des réseaux sociaux

Les réseaux sociaux jouent un rôle central dans la construction de la notoriété, de l'image de marque et de la relation à long terme avec les clients. Pourtant, la majorité des outils de tracking actuels ne permet pas de mesurer tout l'impact des réseaux sociaux :

- le post-view : l'apparition d'une publicité ou d'un post dans le flux d'un utilisateur sans interaction directe est rarement prise en compte, alors qu'elle peut influencer la décision d'achat à plus long terme ;
- l'impact à moyen/long terme : les réseaux sociaux influencent durablement l'image de marque et le positionnement.

Les CMO doivent adopter une vision plus large, pour non seulement mieux comprendre l'influence des réseaux sociaux, mais aussi pour s'armer et défendre avec précision leur budget face aux autres leviers du marketing digital.

Les campagnes d'influence

Voici un exemple caricatural des bénéfices et écueils d'une campagne d'influence : après avoir publié 3 vidéos sur 1 mois de leur voyage avec Ponant, une compagnie de croisières, les influenceurs Nate & Kate (850 000 abonnés Youtube) ont fait bondir les demandes de devis (×10 sur 1 mois) aux États-Unis et au Royaume-Uni.

La faiblesse de la conversion ultérieure (1/10 du taux habituel) amène cependant à relativiser le succès. En comparaison, la micro-influence est moins spectaculaire mais peut se révéler beaucoup plus performante : c'est un travail d'orfèvre d'identifier et animer un réseau de micro-influenceurs, mais ces campagnes auront généralement plus d'impact.

Pour Ponant, cette opération n'a néanmoins pas été considérée comme un échec. Son développement stratégique s'appuyant sur une hausse de la notoriété dans les marchés anglo-saxons, cette campagne peu coûteuse a rempli une part de son objectif.

Avis d'expert

Selma Chauvin, CMO chez Skillup

On associe souvent influence et BtoC. En BtoB aussi, la puissance des influenceurs est indéniable, surtout si la cible est difficile à atteindre par les canaux de promotion habituels.

Chez Skillup, nous avons sélectionné un nano et un micro-influenceur RH, puis avons planifié un webinar sur un sujet recoupant leur expertise. Le contenu de ces webinars a été réutilisé pour co-écrire des articles et livres blancs avec ces influenceurs. Nous avons même organisé une séance de dédicace avec l'un d'entre eux sur notre stand lors d'un gros salon RH. Résultats :

- 1/3 des inscrits aux webinars proviennent des influenceurs invités.
- Les contenus webinar on demand créés ont permis de doubler le volume de leads.
- Nous avons gagné une centaine de followers à chaque fois.
- Le passage au physique nous a permis de toucher une vingtaine de personnes sur le stand, sans compter l'impact des posts de l'influenceur présent.

C'est un vrai succès business pour un budget modique (de 1 à 2 000 € par influenceur par interaction).

En conclusion, sur les réseaux sociaux, le défi est de taille pour les start-up et scale-up tech : rester visible sans se compromettre, être authentique sans tout dévoiler, innover sans se perdre dans le bruit digital. La clé ? Une stratégie claire, une exécution irréprochable, et surtout, une capacité d'adaptation constante.

CHAPITRE 14

Stratégies d'internationalisation

Hélène Draoulec, CMO chez Phenix

Excitation et inquiétude, c'est la palette d'émotions que le CMO ressent quand son CEO vient de lui annoncer « on ouvre un nouveau pays ». Ces cinq petits mots revêtent une pratique bien plus ardue qu'il ne le semble.

Si nous retenons à raison les success stories qui nous ont fait rêver (Aircall, Gorgias), nous oublions souvent les courageux qui ont profité des levées de fonds de la période COVID pour tenter l'aventure et finalement tout refermer quelques mois plus tard, déçus.

Alors, est-ce une mission impossible ? Non, à condition de garder la tête froide.

« *Think Global, act Local* » : simple et basique ?

C'est à Patrick Geddes, un urbaniste écossais, que cette expression est attribuée. Elle décrit les impacts mondiaux d'actions locales et souligne la criticité d'intégrer les particularités locales dans le cadre d'un développement international. D'un point de vue business, elle promeut l'importance d'un plan qui combine la portée des opportunités globales, avec des actions pensées pour le local.

Prenons McDonald's. Sa marque, son logo et son Big Mac sont reconnaissables dans le monde entier. En revanche, un soin particulier est apporté à la localisation des menus : le McBaguette est l'incarnation d'une spécificité française.

Il s'agit donc de mettre en œuvre une démarche à deux étages. D'un côté, la vision stratégique globale qui porte en son cœur la cohérence de la marque et permet de faire des économies d'échelle. De l'autre, l'opérationnel local qui nécessite une parfaite connaissance des spécificités d'un marché. Ce perpétuel mouvement de balancier, s'il semble en théorie simple, peut se révéler un casse-tête d'exécution.

Avis d'expert

Aurélie Fliedel, CMO chez Alan

Autant que possible, n'hésitez pas à militer pour une harmonisation du produit à l'international. Une stratégie d'internationalisation repose aussi sur votre produit : a-t-il besoin d'évoluer pour l'international ? Y a-t-il des fonctionnalités supplémentaires attendues dans tel ou tel pays ? Y a-t-il des réglementations spécifiques aux pays à respecter ?

Il arrive également qu'on lance un nouveau pays avec un Minimum Viable Product (MVP), qui ne comporte pas toutes les fonctionnalités, « pour tester ». Ce sont des éléments importants. Plus votre produit sera similaire sur l'ensemble des marchés, plus votre travail de marketing sera facilité : les assets visuels peuvent être réutilisés, l'adaptation du pitch sera limitée...

Anticiper avec un plan spécifique

L'erreur que j'ai constatée le plus souvent est d'ouvrir de nouveaux marchés sans passer par la juste réflexion préalable. Souvent, l'entreprise s'est engagée auprès de ses investisseurs à s'internationaliser. Alors hop !, on embauche des commerciaux et on donne un budget au marketing. « Pour voir ». Généralement, on s'essouffle vite. Pourquoi ?

Parce qu'en brûlant les étapes, on fait l'économie de se poser les bonnes questions :

- Quel est le bon pays avec mon offre produit ? Quel est le potentiel de ce marché ? Comment allons-nous nous différencier ?
- Vais-je faire évoluer ma tarification pour ce marché ? Quels sont les tarifs des concurrents locaux ?
- Quelle est ma stratégie de sortie si le business ne décolle pas ?

De son côté, le CMO doit adresser les sujets suivants :

- Comment est-ce que l'on va positionner la marque ? Est-ce qu'elle résonne bien dans le marché ?
- Est-ce qu'il y a des canaux plus pertinents sur ce marché ? Quelles sont les bonnes thématiques de communication ?
- Comment vais-je faire évoluer mon organisation marketing ? Comment gérer la localisation des messages ?

Avis d'expert

Amélie Seguret, Directrice Développement chez Le Drive tout nu

Il est inévitable d'avoir des débats sur les spécificités locales et important d'en prendre connaissance, car certaines sont des freins à l'usage de votre produit (par exemple : proposer les méthodes de paiement les plus populaires dans un pays). Mais attention à ne pas se focaliser uniquement sur ces aspects spécifiques et à ne pas disperser ses efforts (et son budget !) à suradapter sa stratégie. Bien souvent, il y a surtout une grande majorité de choses en commun. Cela veut dire :

- se focaliser sur les messages qui résonnent partout et économiser sur la production de contenu ;
- se focaliser sur les canaux qui fonctionnent partout et mutualiser les ressources pour plusieurs pays.

Faire évoluer son organisation

L'articulation entre Global et Local implique une totale réorganisation de votre équipe marketing. Jusqu'alors, elle revêtait toutes les casquettes, la France et le rôle de « headquarter » (HQ) en même temps.

Avec l'internationalisation, il faut désormais scinder l'équipe qui va s'occuper de la France comme n'importe quel marché (le Local), d'une équipe HQ en charge du pilotage mondial (le Global).

Il s'agit d'une véritable conduite du changement. Il faut basculer d'un état d'esprit où l'on pense d'abord à la France, à une ouverture d'esprit où l'international prime. La seule manière d'y arriver, c'est de bien délimiter les périmètres et de ne plus mélanger France et international.

Quel est le périmètre du HQ par rapport à celui du local ? J'ai connu beaucoup de configurations, des plus centralisées aux plus délocalisées. Mon expérience m'a démontré qu'il faut opérer de façon très pragmatique.

Si les relations avec votre communauté locale sont critiques, il faut considérer mettre en place une fonction Field Marketing disposant de fortes prérogatives. Les interactions locales relèvent alors du Field et le reste est pris en charge par le HQ. Souvent, l'équipe Field Marketing est chargée des relations avec les clients et les journalistes locaux, des événements physiques, de la localisation de campagnes globales et de la proposition et de l'exécution des campagnes locales.

Pour faciliter la communication entre le Local et le Global, vous pouvez créer une équipe Integrated Marketing, dont le rôle sera d'opérer comme chef d'orchestre des campagnes. En pratique, l'équipe Integrated Marketing est le « owner » du plan marketing, elle définit les process, les deadlines et s'assure de la responsabilisation de chacune des parties prenantes. Chez iAdvize, dont j'ai dirigé le marketing, la mise en place d'une équipe Integrated Marketing nous a permis d'accélérer considérablement l'exécution de nos campagnes à l'international.

Avis d'expert

Geoffrey Vion, VP Marketing chez Contentsquare

Contentsquare a fait évoluer ses équipes, passant de silos décentralisés à une équipe globale intégrée. Cette approche, basée sur des centres d'expertise globaux (Brand, PR, MOPS, Website...) et régionaux (stratégies locales, Demand Generation, événements...), a permis une meilleure utilisation des ressources. L'enjeu principal est de trouver un équilibre qui ne doit jamais être figé. Voici mes cinq conseils pour scaler efficacement :

- Répliquez le succès : ne partez plus jamais de zéro. Identifiez ce qui fonctionne et appliquez ces pratiques ailleurs.
- Standardisation : documentez vos processus. Fournissez des modèles, mettez à disposition des équipes locales des campagnes sur étagère.
- Un cadre unique : mettez en place des KPI uniformes, un tableau de bord centralisé et une organisation claire pour aligner toutes les équipes sur les mêmes objectifs.
- État d'esprit : favorisez les synergies entre les équipes locales et globales.
- Construction de programmes : mettez en place des programmes réplicables. Suivez une approche en cinq étapes : essai, partage, répartition, accélération et consolidation.

Définir des attentes réalistes et révisables

Attention à ne pas être trop ambitieux ! Développer un nouveau marché demande deux choses : de l'investissement et de la patience. Tout d'abord, le budget est au cœur de la réflexion sur le cadrage des objectifs. Le lancement d'un pays nécessite toujours de dépenser de l'argent pour lancer la machine à génération de leads.

Concentrons-nous sur les coûts d'acquisition. Vous mettrez sans doute un moment avant d'atteindre des coûts équivalents à ceux que vous connaissez en France. Ne construisez pas votre business plan international sur la base de vos coûts d'acquisition français, c'est la meilleure manière d'aller droit dans le mur.

Ensuite, il s'agit de ne pas surestimer sa propre vélocité. Par exemple, si votre cycle de vente est de 6 mois et que votre notoriété est inexistante sur le nouveau marché, il est probable que la première année compte quasiment pour 0. Et ce n'est pas un échec.

> Au lancement d'un nouveau territoire, plutôt que les résultats en valeur absolue, le CMO peut plutôt monitorer l'évolution de certains KPI pertinents pour le business (valeur du pipeline, volume d'opportunités, trafic sur le site, taux de conversion...) pour s'assurer d'avancer dans la bonne direction. Et si c'est possible, l'idéal est de pouvoir réévaluer les objectifs d'un trimestre sur l'autre.

Quelques conseils pratiques pour bien amorcer son internationalisation

Si définir sa vision est indispensable, la qualité de l'exécution est également critique pour développer de nouveaux marchés. Ci-dessous, je vous partage quelques astuces qui ont été un « game-changer ».

À chaque marché son Go-To-Market

Il n'y a pas de recette magique pour se lancer à l'international. Alors par quoi démarrer ?

Il faut d'abord se focaliser sur les basiques de votre business model et remonter aux racines du succès en France. Analysez les segments sur lesquels vous performez et comprenez si ce sont les mêmes sur le nouveau territoire. Dans la plupart des entreprises où j'ai travaillé, j'ai observé des différences de cibles entre les nouveaux pays, ce qui implique une adaptation du plan marketing pays par pays. Tout l'enjeu de l'équipe HQ est donc de trouver des passerelles pour proposer des campagnes globales.

Si vous travaillez pour une entreprise avec un modèle Small et Medium Business (SMB en anglais, PME en français), il y a fort à parier que le marketing est le levier principal de votre internationalisation. Dans les premiers mois, vous pouvez vous focaliser sur la génération de demande avec pour objectif des résultats à court terme, et utiliser des tactiques telles que le SEA, l'e-mail puis le SEO. Dans un second temps, vous aurez besoin de davantage de volume de business et il faudra vous concentrer sur des leviers tels que les webinars et la production de contenu.

A contrario, si votre entreprise s'adresse aux grands comptes, vous pouvez vous baser sur les clients français pour faire une expansion douce auprès de leurs filiales internationales. Ensuite, il faudra recruter des commerciaux locaux. C'est seulement après coup que vous pourrez mettre en œuvre des efforts marketing, avec de l'Account-Based-Marketing, de la publicité ou de l'événementiel.

Manager une équipe à l'international

Le management des équipes internationales ébranle les certitudes des leaders les plus aguerris. Je vous partage mes 6 principaux défis :

- « J'ai sous-estimé le décalage horaire. » Les équipes américaines ont besoin d'un visuel pour ce soir ? Dommage ! Vos graphistes sont en réunion toute l'après-midi avec les équipes françaises. Veillez à bloquer du temps des équipes transverses pour l'international. Par exemple, vos graphistes peuvent travailler en priorité pour la France le matin et pour les États-Unis l'après-midi.
- « Mon équipe marketing ne se connaît pas : ils sont à distance et communiquent mal. » Proposez-leur d'instaurer des sessions de « *walk and talk* », où un binôme composé de deux marketeurs de pays différents passe 30 minutes à parler de tout sauf de travail en prenant l'air.
- « Mon équipe HQ n'a aucune idée de ce qui se passe en local. » Trouvez des routines pour insérer le partage d'informations business ou plus générales lors de vos meetings. Une intervention du product marketing sur la concurrence en Italie, ou de l'équipe social media sur le dernier bad buzz d'une marque en Allemagne, est toujours appréciée lors d'une réunion.
- « On s'ennuie, il n'y a pas d'ambiance "globale" : les membres de l'équipe sont charmants, mais les conférences Zoom sont mortes. » Gamifiez le quotidien. Créez une playlist avec un thème spécifique (le premier concert que vous êtes allé voir, votre musique de Noël préférée...) où chacun ajoute une chanson.
- « Mes équipes locales partent dans tous les sens : chaque pays n'en fait qu'à sa tête. » C'est le moment d'utiliser vos objectifs comme une boussole. Au début de chaque trimestre, définissez 3 objectifs prioritaires avec des résultats associés pour chaque pays. Si une campagne ne peut pas être rattachée à l'un d'entre eux, c'est qu'elle n'a pas lieu d'être.
- « Mes équipes locales perdent trop de temps en traduction. » Vous les avez embauchées pour leur valeur ajoutée, pas pour en faire des machines de traduction ! L'IA a considérablement changé la donne ces dernières années. ChatGPT et Deepl sont devenus les meilleurs amis des équipes locales.

L'international est une matière vivante. C'est à la fois un défi et une opportunité pour les CMO. Ils doivent faire preuve d'agilité et d'adaptabilité pour proposer des campagnes et des offres pertinentes à destination des nouveaux marchés. Cette flexibilité leur permet de pivoter en fonction des retours du marché, contrastant avec l'approche souvent plus structurée des grands groupes.

CHAPITRE 15

Marketing axé sur le client et la communauté

Jolhane Leite, Part-Time CMO et Co-fondateur chez UnlockM

En 2023, Meagan Loyst, fondatrice de Gen Z VC, partage sur LinkedIn un schéma qui démontre que le mouvement communautaire s'impose désormais dans les entreprises B2B. Cette conviction ne vient pas d'un simple discours marketing, mais d'études sociologiques menées depuis plus de 40 ans, qui avaient déjà prévu l'essor des communautés professionnelles et des entreprises centrées sur ces communautés.

LES COMMUNAUTÉS EN FORTE CROISSANCE

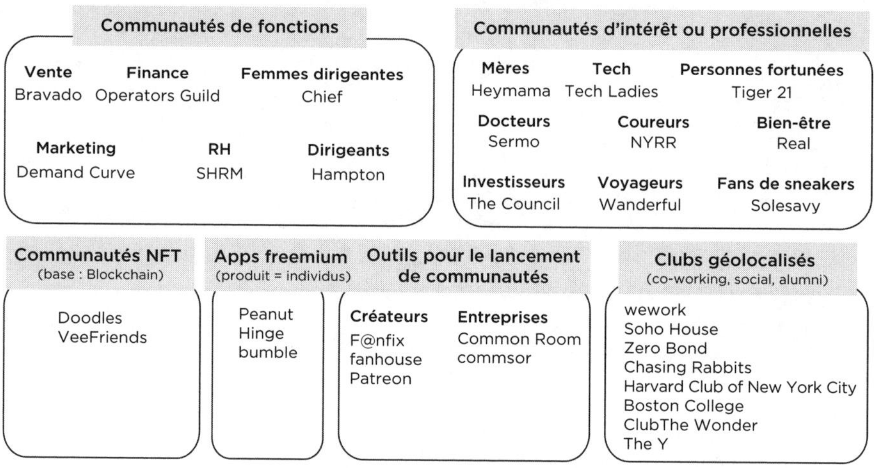

Source : Meagan Loyst, « Why Everyone Is Starting a Paid Membership Community (& Making Millions!) », Meagan's Newsletter: The Gen Z POV, 2023

Dès 1964, David Riesman, dans *La Foule Solitaire*, prévoit que le capitalisme et l'individualisme affaibliraient les liens sociaux, conduisant à une solitude croissante.

Face à cette situation, notre besoin d'appartenance s'est traduit par la création de communautés tribales, que les marques ont su exploiter. Elles offrent ainsi une opportunité inédite de repenser le marketing, notamment grâce aux communautés professionnelles en pleine expansion. Aujourd'hui, nous parlons le plus souvent de Community Led Growth (CLG), qui est devenu une stratégie clé pour les entreprises cherchant à se démarquer dans un environnement concurrentiel.

Cette approche moderne et ultra-complète repose sur la conviction que les communautés engagées peuvent jouer un rôle central dans la croissance d'une entreprise (B2B comme B2C). Le CLG vise à transformer les membres de la communauté en véritables partenaires dans le développement de produits, le marketing et l'innovation.

Les bénéfices du marketing communautaire

Selon un article de *Harvard Business Review*[2] : 80 % des fondateurs de start-up ont bâti une communauté d'utilisateurs et 28 % affirment qu'elle fut essentielle à leur succès. Cela souligne notamment le rôle de l'engagement et du soutien des utilisateurs dans le succès d'une entreprise.

Voici quelques exemples de bénéfices :

- **engagement authentique :** les membres engagés se sentent valorisés et soutiennent plus activement la marque. Par exemple, une communauté active sur l'outil de communication Slack peut générer du contenu précieux, répondre aux questions d'autres membres et partager des avis positifs sur les réseaux sociaux ;
- **bouche-à-oreille :** les recommandations de membres satisfaits ont un impact considérable sur la réputation de la marque. Selon Nielsen[3], 92 % des consommateurs font davantage confiance aux recommandations de leur réseau qu'à toute autre forme de publicité ;
- **feedback en continu :** en impliquant les membres dans des programmes de bêta-testing ou de co-création, les entreprises obtiennent des retours directs sur leurs produits, permettant ainsi d'améliorer rapidement leurs offres ;
- **réduction des coûts de marketing et de support client :** les membres peuvent répondre aux questions, résoudre des problèmes et fournir des conseils, ce qui allège la charge de l'équipe de support interne.

Plus qu'une nouveauté, cette stratégie de croissance se résume en réalité par le focus d'une entreprise dans l'intégration de ses audiences clients (le pluriel est important ici) dans leur stratégie marketing et business.

Avis d'expert

Jolhane Leite, Part-Time CMO et Co-fondateur chez UnlockM

Entre 2016 et 2022, lorsque j'étais CMO d'Atelier Particulier, marque de prêt-à-porter, j'ai réalisé plus de 500 co-créations de produits avec notre communauté. Plus de 1000 membres nous ont aidés via des questionnaires, des focus groups et du

2. Bussgang J., Bacon J., « When Community Becomes Your Competitive Advantage », Harvard Business Review, 2020.
3. « Report: Global Trust in Advertising and Brand Messages », Nielsen, 2012.

bêta-test de produits à accélérer notre productivité, mais également la qualité des produits que l'on allait ensuite commercialiser. Cette approche nous a aidés à :

- doubler chaque année notre capacité de production sans pour autant augmenter nos frais de développement, car le délai moyen entre l'identification d'un besoin, la validation terrain et la mise en vente ne prenait que quelques semaines (5 fois plus court que pour une marque traditionnelle) ;
- réduire drastiquement les invendus et donc nous aider à optimiser continuellement notre BFR (besoin en fonds de roulement).

EXEMPLES D'ENTREPRISES QUI ONT FAIT DU COMMUNITY LED GROWTH UNE BRIQUE DE LEUR STRATÉGIE BUSINESS

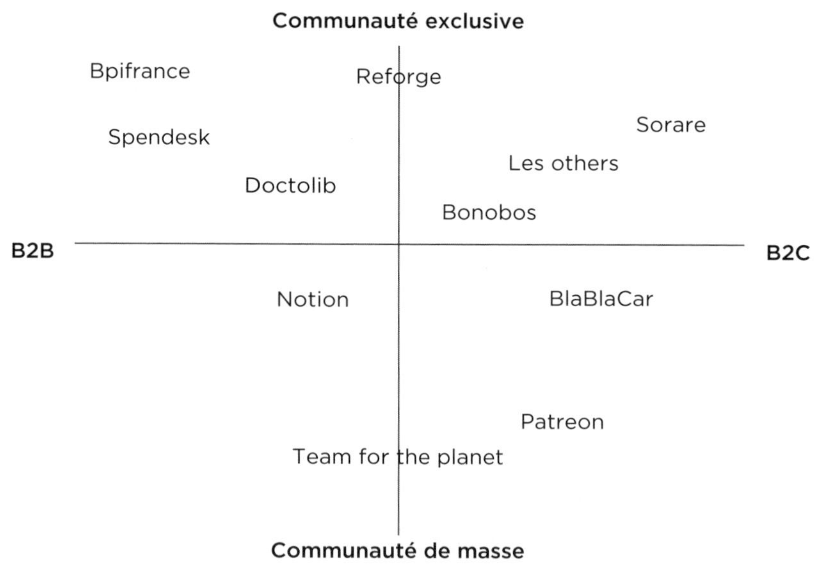

Du B2C en passant par le B2B2C jusqu'au pur B2B, toutes les typologies de business sont représentées, pas un secteur n'est imperméable aux bénéfices des communautés. Le plus intéressant dans cette visualisation du Community Led Growth, c'est qu'il n'y a pas un seul use case qui se ressemble.

Retrouvez le cas particulier de Bpifrance en flashant le QR code page 6.

Les niveaux de maturité des communautés

Pour construire une communauté impactante, il faut tout d'abord en maîtriser sa forme. C'est l'une des premières choses que j'ai apprises au fil des ans : une jeune communauté n'a pas les mêmes besoins qu'une communauté mature. Regardons ensemble comment adapter votre stratégie en fonction du type de communauté que vous souhaitez engager.

Stade 1 : le démarrage

Votre communauté commence à se former :

- 80 % d'échec à ce stade ;
- pas assez mature pour monétiser ;
- focus fondamentaux : acquisition, onboarding et process d'engagement.

L'objectif est de créer un environnement propice à l'engagement. Voici des actions clés à cette étape du développement :

- définissez la proposition de valeur : recrutez les premiers membres ;
- créez du contenu pour activer la machine.

Dans cette situation, je m'applique à rester flexible et à l'écoute de la communauté. La proposition de valeur n'est pas gravée dans le marbre : on peut tenter de recruter des membres avec des profils différents et tester régulièrement de nouveaux formats de contenu.

Stade 2 : la croissance

Votre communauté gagne en indépendance, grandit et se consolide :

- 50 % du contenu et actions sont organiques ;
- acquisition (par recommandation) en automatique ;
- focus : expérience communautaire, monétisation via la co-création et décentralisation du pouvoir aux leaders.

Les efforts doivent viser à augmenter l'engagement et renforcer les relations avec les membres existants :

- développez des programmes d'onboarding pour encourager la contribution active ;
- analysez les données d'engagement. Si vous avez peu d'options, concentrez-vous sur l'essentiel : les métriques comme le nombre de messages, les participations aux événements et les créations de contenu peuvent fournir des insights précieux pour ajuster vos stratégies.

Généralement, le plus efficace reste d'investir dans vos membres et donc de mettre en place un programme de mentorat et des événements pour faciliter la création de lien.

Stade 3 : la maturité

La communauté est bien établie et fonctionne de manière autonome. L'accent est mis sur la gestion à long terme et l'optimisation de votre onboarding, des contenus rituels et des canaux de communication à disposition afin d'améliorer l'expérience des membres. Cette phase de maturité favorise également l'alignement communautaire et marque le début de la génération de business :

- 90 % du contenu créé par la communauté ;
- recrutements décentralisés ;
- multiples leviers de croissance : Sales Growth (Scoring CQL et Nearbound), Inbound Marketing (SEO et Social Content) et Product Led Growth (Growth Loop/ Co-creation product).

> Lors de cette étape, concentrez-vous sur le renforcement de votre programme communautaire. Pour que la communauté s'épanouisse, investissez vos efforts sur les 20 % des actions qui vont générer 80 % de la valeur. Votre stratégie marketing est content driven ? Faites de votre communauté un accélérateur.

Stade 4 : la dislocation

Toutes ces communautés se sont disloquées car le volume de membres est si important que des micro-segments se sont naturellement créés au sein de la communauté principale.

Ce stade n'est pas commun, puisqu'il est réservé aux marques de grande envergure qui ont des communautés de plusieurs centaines de milliers de membres, comme Coca-Cola, Nike, Nutella, Harley-Davidson, LEGO...

Cette phase - dite aussi de « pollinisation » - est à la fois une période de risque et de scale exponentiel :

- grosse croissance donc dislocation ;
- accompagnement du phénomène : segmentation de la communauté, création de nouveaux canaux de communication privée, redistribution du pouvoir aux nouveaux followers actifs et lancement de sous-projets/sous-marques.

À ce niveau, le travail communautaire est complexe car le volume à gérer nécessite des moyens que peu d'entreprises peuvent s'accorder.

Créer votre stratégie communautaire de 0

Pour bâtir une stratégie Community Led Growth (CLG) efficace, il est crucial de suivre une méthodologie bien définie qui allie l'engagement humain à des objectifs business concrets.

Les 3 piliers d'une stratégie CLG réussie

Voici les 3 piliers que j'ai suivis lors de chacun de mes chantiers communautaires.

■ Pilier 1 : se concentrer sur le business

La première étape consiste à déterminer comment votre stratégie communautaire va créer de la valeur économique pour votre entreprise. Ce point est souvent négligé, mais il est fondamental.

Vous devez choisir un objectif business pertinent et mesurable :

- attirer de nouveaux sponsors ;
- générer des leads de qualité pour les équipes commerciales ;
- améliorer la rétention client en réduisant le taux de churn grâce à un programme communautaire.

> L'important est de s'assurer que chaque action menée au sein de la communauté a un impact direct sur le chiffre d'affaires de l'entreprise.

Pilier 2 : se concentrer sur la proposition de valeur de la communauté

Votre proposition de valeur communautaire doit répondre à une question centrale : comment ma communauté va-t-elle croître tout en restant engagée et saine au fil du temps ?

Il est important de noter que la proposition de valeur de votre marque ne correspond pas toujours à celle qui sera efficace pour animer et engager une communauté.

Voici un exemple de Decathlon Outdoor (app B2C) : si la nouvelle identité de marque reflète leur nouvelle ambition de « faire bouger les gens grâce à la magie du sport », la proposition de valeur de la communauté est, quant à elle, de « créer un environnement parfait pour que les passionnés de nature puissent partager leur amour pour leur région. »

Pilier 3 : mettre en place des tactiques efficaces

Une fois votre proposition de valeur définie, il est temps d'identifier les actions concrètes qui vont soutenir votre stratégie CLG. On passe donc à une approche terrain.

Parmi les tactiques les plus courantes, on retrouve le bêta-testing et la co-création de contenu. Mais il est aussi possible d'engager une communauté autour d'événements, de programmes ambassadeurs et même d'actions dédiées à la formation et au partage de contenu.

Parce que le Community Led Growth repose avant tout sur la bonne volonté et la motivation de votre audience à s'engager, retenez la règle suivante : 1-9-90.

- 1 % crée : une petite fraction des membres créera du contenu. Il est crucial de soutenir et de promouvoir ces contributeurs pour qu'ils continuent à générer du contenu de valeur.
- 9 % contribuent : une proportion plus importante interagira en répondant aux publications, en partageant du contenu ou en participant aux discussions.
- 90 % consomment : la majorité des membres seront des lecteurs passifs. Pour les engager, il est important de créer du contenu attrayant et accessible, et de leur offrir des opportunités de participer sans les submerger.

Le modèle SPACES : alignement de la communauté avec les objectifs business

Une fois ces fondamentaux en place, le modèle SPACES vous aidera à aligner votre stratégie communautaire avec les enjeux business spécifiques de votre entreprise.

Ce modèle se décline en six domaines :

- **Support :** créez une communauté d'assistance où les membres s'entraident, ce qui réduit les coûts de support et améliore la satisfaction client. Par exemple : un forum où les utilisateurs partagent des solutions techniques. Les métriques mesurent la baisse du churn ;
- **Produit :** les idées et retours de la communauté peuvent stimuler l'innovation produit. En impliquant votre communauté à chaque étape du développement, vous assurez que la voix du client est intégrée dans chaque décision. Les métriques mesurent le revenu généré via une idée communautaire ;
- **Acquisition :** transformez vos membres en ambassadeurs pour promouvoir votre marque. Une communauté active et engagée est un levier puissant pour accroître la notoriété et attirer de nouveaux clients. Les métriques mesurent le sales conversion time et le sales cycle time ;
- **Contribution :** incitez les membres à produire du contenu lié à vos produits ou services. Que ce soit via des templates ou des plateformes open-source, cette création collective enrichit votre offre tout en engageant vos utilisateurs. Les métriques mesurent le revenu/contributeur et le taux de succès d'onboarding des contributeurs ;
- **Engagement :** favorisez un sentiment d'appartenance autour de votre marque. Ici, la passion est le moteur principal de l'engagement. Les métriques mesurent le customer lifetime value ;
- **Succès :** au-delà de l'assistance, les communautés de clients partagent les meilleures pratiques, améliorant ainsi l'utilisation de vos produits et augmentant la fidélité. Les métriques mesurent la réduction du temps d'onboarding et la rétention.

Le modèle SPACES offre une vision claire et structurée pour maximiser l'impact de votre communauté sur les performances globales de l'entreprise. En le suivant, vous ne vous contentez pas de créer une communauté engagée ; vous créez une communauté qui est un véritable moteur de croissance pour votre entreprise.

Exemples de succès marquants

Dans l'histoire moderne du Community Led Growth, de nombreuses entreprises ont su créer des stratégies d'une efficacité redoutable. Voici 2 succès inspirants mis en application au regard du modèle SPACES.

Succès 1 : Duolingo (Contribution + Succès)

Chez Duolingo, l'une des métriques principales est la rétention sur l'application de l'utilisateur. En analysant leurs cohortes, les équipes marketing et produits ont eu une double prise de conscience :

- les utilisateurs qui participent à un événement entre utilisateurs ont une meilleure rétention sur l'application ;
- les utilisateurs qui participent à un événement ont plus de chance de créer un événement par la suite.

Pour profiter de cette chaîne vertueuse, l'équipe marketing a mis en place un process de « Host d'event ». Le but est d'inciter les utilisateurs, lors de l'onboarding sur l'application, à découvrir les événements près de chez eux afin d'accélérer leur progression, puis à eux-même organiser un événement. Résultat, en 2021, la communauté organisait plus de 2400 événements par mois à travers le monde. C'est un exploit quand on sait que l'équipe événementielle se composait de 3 personnes à cette époque.

Succès 2 : Notion (Produit + Support) : quand la communauté produit un quart des templates

L'entreprise est le meilleur exemple d'une stratégie Community Led Growth mise au service de sa communauté d'utilisateurs. Un grand nombre de features ont été développées pour maximiser cette stratégie. Les plus importantes sont :

- la bibliothèque de templates : https://www.notion.so/templates ;
- les groupes communautaires existant dans plus de 50 langues et sur tous les réseaux sociaux ;
- le programme ambassadeur qui réunit et récompense les membres les plus investis.

Au final, toutes ces actions ont eu pour effet d'aider Notion à étoffer son catalogue de templates (jusqu'à 25 % des templates produits par la communauté), mais également à stimuler l'engagement des membres (avec le programme) pour les inciter à aider et accompagner les nouveaux utilisateurs dans leur découverte du produit.

Avis d'expert

Elsa Magadoux, Directrice Marketing et Commerciale chez Brut.

Brut. a toujours considéré qu'une communauté était bien plus qu'une simple cible média. C'est un groupe qui partage une culture commune, des valeurs et des intérêts, au-delà des simples comportements médiatiques. Pour autant, il ne faut pas opposer communauté et ciblage média. Les deux se complètent et exigent des approches différentes dans la façon de concevoir les contenus : d'un côté, un ciblage « média » permet de diffuser un message de marque de façon très contrôlée et descendante ; l'approche communautaire se construit, elle, à travers des formats plus organiques, ascendants, avec un nécessaire « lâcher-prise » de la part de la marque.

Au sein de Brut., cela se matérialise par le fait de laisser des créateurs faire des contenus, par la diffusion de lives ou encore par la création de formats où la parole est donnée à la communauté. Ce sont des espaces où nos utilisateurs peuvent s'exprimer, participer activement à la discussion, parfois même co-construire certains sujets avec Brut. L'exemple des micro-trottoirs est intéressant parce qu'il incarne parfaitement cette approche. Il permet à Brut. ou à des marques qui souhaitent communiquer sur Brut. de rencontrer directement leur public, dans une démarche authentique et spontanée.

Le développement d'une approche « par communauté » a profondément modifié la manière de produire et de diffuser le contenu. En plus d'avoir accès à une audience, il faut absolument identifier les points d'entrée culturels de chacune des communautés avec lesquelles on souhaite interagir. Cela peut être des médias qui connaissent particulièrement leurs audiences, des créateurs de contenu qui disposent d'une empreinte culturelle importante ou même de plus petits influenceurs qui sont particulièrement experts de certaines communautés.

Brut. s'efforce de faire vivre au sein du média tous ces profils, des journalistes aux créateurs. Chacun peut créer du contenu pour Brut. ou ses partenaires tant que tous partagent la même exigence et les mêmes valeurs. C'est une manière d'innover, dans une démarche plus ouverte.

Cette place centrale des communautés redéfinit le concept même de « marque ». Si une marque continue de porter une ambition, des valeurs et un ton, elle doit devenir plus encore un horizon, une plateforme d'expression dont les communautés s'emparent.

C'est un effort de « lâcher prise » important pour elle, mais qui constitue une formidable opportunité de mieux analyser ses prises de parole, ses contenus et les discussions organiques qui se créent autour.

En conclusion, le marketing communautaire n'est pas une nouvelle stratégie à adopter parce qu'elle est à la mode. C'est une manière de penser et de faire du marketing qui va impacter tous les secteurs de votre entreprise : votre manière de penser le produit, de construire des relations avec votre audience et même de vendre.

C'est une approche stratégique puissante pour les entreprises cherchant à optimiser leur croissance et leur engagement client.

PARTIE IV

GESTION DES RESSOURCES ET DES PARTENAIRES

CHAPITRE 16

Planification et gestion du budget marketing

Yannig Roth, Part-Time CMO et fondateur de Hirondo

« La moitié de l'argent que je dépense en publicité est gaspillée ; le problème, c'est que je ne sais pas laquelle », disait John Wanamaker (1838-1922) au sujet de ses efforts de communication. Propriétaire de grands magasins, il considérait (malgré tout) que les publicités dans des journaux étaient le meilleur investissement pour attirer des clients. Est-ce que son succès est lié à la publicité ou à d'autres leviers utiles au développement de ses affaires (recrutements, financements, partenariats, etc.) ? La réponse est malheureusement impossible à trouver.

Aujourd'hui, la construction, la gestion et la productivité du budget ne sont pas les premières choses qui viennent à l'esprit quand on pense aux responsabilités du CMO, même s'il s'agit d'un sujet essentiel pour une bonne exécution tactique et stratégique. Personnellement, j'ai toujours beaucoup apprécié cette partie de mon travail, parce qu'elle allie analyse et intuition, calcul et pari, projection et expérience.

Consacrez entre 10 % et 25 % du chiffre d'affaires au marketing

Tout dirigeant sait qu'il faut investir en marketing pour se faire connaître, pour être perçu comme attractif et unique, pour saisir des opportunités de croissance ou créer de nouveaux débouchés.

Cet investissement est différent en fonction des secteurs et des phases de maturité de l'entreprise. Dans des secteurs très concurrentiels comme les biens de consommation ou les médias, plus de 20 % du chiffre d'affaires annuel est consacré au marketing, contre quelque 3 % dans les secteurs tertiaires comme la construction ou les produits industriels[4]. Par ailleurs, les entreprises qui cherchent à maintenir une position sur un marché peuvent se contenter de 3 % à 10 % de leurs objectifs de revenu ; les entreprises ayant des objectifs de croissance supérieurs à 50 % construisent un budget marketing de 15 % à 30 % des revenus projetés. Dans la tech, on est plus souvent dans le second cas que le premier, avec des cas extrêmes : en 2023, Salesforce a consacré 43 % de son revenu au marketing, et Asana y a même alloué 78 % la même année, pour des taux de croissance du chiffre d'affaires de 11 % et 45 % respectivement[5]. Un investissement à perte ? Non, parce que chaque nouveau client reste plusieurs années.

4. Navarro J., « Marketing Spend as a Share of Companies' Total Budgets in the U.S. 2023, by Industry », Statista, 2024.
5. Hallman B., « What Percent of Revenue Do Companies Spend on Marketing and Sales? [2024] [Breakdown by Industry] », Vital Design, 2024.

> Si on est conservateur, il est indispensable de consacrer au moins entre 5 % et 10 % de son revenu prévisionnel (ou objectif de chiffre d'affaires) au marketing. Il faut monter au-dessus de 25 % pour des phases de très forte croissance, ou prévoir 10 % par principe, mais ne jamais descendre trop près des 5 %. En-dessous, vous n'êtes plus visibles, vous vous éloignez du marché et votre marque n'existe plus, tout cela au profit de vos concurrents.

Les chiffres montrent que le budget est ajusté en temps de crise, mais jamais ramené sous la barre des 5 %. Ces 5 dernières années, on a vu cette proportion baisser de plus de 10 % du chiffre d'affaires à moins de 8 %[6], alors que l'on demande aux CMO d'atteindre les mêmes objectifs de croissance, voire plus. Moins d'un quart des CMO (24 %) jugent qu'ils ont assez de budget pour atteindre leurs objectifs.

Une répartition entre people et programs, brand et performance

L'argent est un carburant essentiel. Pas plus que les idées, l'énergie, la créativité, l'engagement des collaborateurs ou la qualité de son offre, mais il est impossible de s'en passer. Les start-up et scale-up demandent au CMO de créer de la valeur sous 2 grandes formes : faire briller la marque, les produits ou services de l'entreprise ; et les vendre – ou y contribuer – tout au long du cycle de vente. Cette mission est évidemment impossible sans budget dédié aux salaires et aux dépenses. On appelle communément ça les people et les programs.

La ressource la plus stratégique et précieuse est l'équipe, les people, et représente souvent entre 30 % et 50 % du budget marketing. Plus l'entreprise est jeune, plus cette proportion est importante. Cela inclut les salaires chargés et les primes et bonus de vos collaborateurs, même si tous ne sont pas versés en fin d'année (normalement, en tant que leader, vous avez tout ce qu'il faut pour atteindre ces objectifs !). La partie people est à construire et à suivre avec attention, et à ne pas déléguer à votre équipe administration, RH ou au CEO.

La seconde partie est dédiée à toutes les activités que vous allez mettre en place pour atteindre vos objectifs, comme les événements, les publicités, le travail de la marque ou encore la délégation aux agences. On appelle ça les programs. Ils représentent souvent la majorité de votre budget, entre 50 % et 70 % du total annuel. Vous allez le répartir par sous-fonction et par pays, et allez le piloter de manière

6. « Marketing Budgets : Benchmarks for CMOs in the Era of Less », Gartner, 2024.

beaucoup plus ROIste, car ce budget est dédié à générer un maximum de valeur pour un minimum de dépenses. Logez aussi dans cette catégorie les outils (CRM, site web, etc.) et prestataires réguliers (études, freelances, agences, etc.).

En général, plus le budget marketing est faible (en proportion du revenu), plus la part des people est importante. Une stratégie « défensive » de maintien de parts de marché ou d'amélioration de la profitabilité amène à réduire les dépenses « variables » comme les événements et les publicités, parfois même si le retour sur investissement est positif. Une stratégie « offensive » vise à investir beaucoup en programmes générant directement ou indirectement du revenu, même si une partie de ce ROI est non traçable, et ce avec une équipe qui ne grandit pas au rythme des dépenses.

L'autre grande distinction du budget, c'est la répartition entre les dépenses d'image et de notoriété, et celles consacrées à la performance.

La répartition du budget entre la performance et la notoriété est aussi cruciale. Une allocation de 60 % à 80 % du budget à la performance permet de générer des résultats mesurables et immédiats, tels que des leads qualifiés, des conversions en opportunités et du revenu. Ces actions incluent des campagnes ciblées, online ou offline, des stratégies de marketing digital et des programmes de fidélisation, qui sont directement corrélés aux objectifs financiers de l'entreprise. En consacrant une part majoritaire du budget à ces initiatives, le CMO peut démontrer un retour sur investissement clair et tangible, répondant ainsi aux attentes des actionnaires et des dirigeants.

D'autre part, allouer entre 20 % et 40 % du budget à la notoriété et à la marque (campagnes de branding, relations publiques, relations analystes et événements) est essentiel pour construire une image de marque forte et durable. Elles jouent un rôle vital dans l'établissement de la crédibilité et la reconnaissance de la marque. Ces initiatives ne produisent peut-être pas des résultats immédiats, mais créent une base essentielle à votre performance, puisqu'une marque connue et respectée facilite les conversions et augmentera la fidélité à long terme.

En investissant majoritairement dans la performance, l'entreprise assure une croissance rapide et mesurable ; en réservant une part significative du budget à la notoriété, elle s'assure également de ne pas sacrifier l'avenir pour des gains immédiats. Un bon CMO doit trouver et défendre cet équilibre.

10 conseils pratiques pour une bonne gestion du budget

Voici 10 conseils pratiques et courts sur la gestion des finances pour un CMO.

1. Un bon CMO doit avoir un processus d'engagement et d'analyse des investissements (préférez le terme « investir » au lieu de « dépenser », ça vous facilitera énormément de discussions). Le processus d'engagement consiste à proposer un investissement, à en justifier l'intérêt, à en organiser la bonne exécution et à en estimer les retombées. J'ai toujours été particulièrement pointilleux avec mes équipes à ce sujet-là, même lorsque notre budget était généreux et l'activité intense. Je l'ai aussi été au sujet de la phase post-programme, dans laquelle on s'engage à analyser l'événement (ou la campagne) pour en jauger les retombées et tirer des enseignements. Mettez en place ce fonctionnement pour tout montant qui impacte significativement votre budget ou votre équipe.
2. Un budget marketing, c'est en fait 2 budgets marketing : un budget prévisionnel, réalisé en début d'année (ou de semestre ou trimestre), et un budget réel, tenu à jour tout au long de l'année. Vous commencez l'année avec un budget prévisionnel et figez ensuite ce document jusqu'à nouvel ordre. Vous le validez avec votre direction, le présentez à votre équipe (ainsi que les objectifs associés), vous en dupliquez une version et la mettez à l'étagère. Vous gardez votre budget réel et le mettez à jour régulièrement avec votre équipe. Que faire si les résultats ne sont pas au rendez-vous ou si le ROI des actions marketing est meilleur qu'espéré ? Prévoyez une simple replanification (reforecast), à la hausse ou à la baisse, en étroite collaboration avec votre direction.
3. Comment savoir quels investissements génèrent le meilleur retour sur investissement ? Catégorisez les investissements par type, pays, produit et objectif marketing. Toutes les dépenses ne doivent pas nécessairement être prises en compte dans le calcul du coût d'acquisition client. Si vos canaux d'acquisition sont principalement le digital et les événements, excluez les dépenses de communication et – en fonction de son contenu – les autres dépenses.
4. Pour l'établissement et le suivi d'un budget, utilisez Excel ou un autre tableur. Il existe de nombreux outils dédiés à la gestion budgétaire (comme Planful, Husky, Proof, Uptempo (ex-Allocadia), Pigment, etc.) ou à des besoins annexes, tous extrêmement utiles (Spendesk ou Planergy pour les dépenses de l'équipe, Notion ou Asana pour le suivi des projets, Hubspot ou Salesforce pour le ROI, etc.). Mais, en termes de ROI, rien ne remplace un ou plusieurs fichiers Excel !
5. Un budget est établi pour ne pas être dépassé, mais il faut aussi ne pas sous-dépenser ! Si le marketing ne dépense pas assez, vous rompez une forme de contrat implicite avec votre entreprise en n'atteignant pas vos objectifs de visibilité, pipeline, etc. Dans un monde idéal, une équipe marketing dépense le

moindre euro de son budget, qui répond à la stratégie et dont toutes les lignes apportent une valeur. Si vous finissez l'année avec 10 % de moins que prévu, et que vous avez atteint vos objectifs, bravo ! Mais vous ne devriez pas découvrir cela a posteriori. Vous auriez dû les dépenser, car vous avez peut-être perdu 10 % de visibilité ou de performance. Et si vous êtes à 90 % de vos objectifs, vous auriez dû demander davantage de budget pour atteindre 100 % !

6. Il n'y a pas de petites dépenses. Négociez tout, du prix des prestations que vous achetez aux délais de paiement de vos fournisseurs. Et encouragez votre équipe à le faire également, puisque c'est une attitude vertueuse à développer chez les jeunes leaders. Les CMO ont tendance à valoriser les gros montants lorsqu'on parle de dépenses marketing, mais ça n'a aucun intérêt tangible pour vous et votre entreprise.
7. Impliquez votre équipe. La construction, l'engagement et le suivi du budget ne sont pas uniquement une affaire de chef. C'est une affaire de chefs. Déléguez à votre équipe, à savoir vos responsables de pôle (Head of Growth, Head of Communication, Head of Brand, etc.). Ainsi, vous les responsabilisez à faire des choix, à adopter une culture financière, à réfléchir leurs investissements marketing, et vous leur rendez un immense service pour leur carrière future. Créez des poches budgétaires pour eux et laissez-les les piloter, sous votre supervision, évidemment !
8. Prévoyez l'imprévu. Un plan marketing et son budget associé tentent de prévoir l'avenir du mieux possible, mais rien ne se passe jamais comme prévu : une personne de votre équipe annonce son départ ; une campagne est annulée ; un lancement de produit important est décalé ; un prestataire fait défaut. En plus de « largeurs » que vous prévoyez dans votre budget attribué aux postes en question, conservez 5 % à 10 % de plus comme « CMO budget » non-attribué, dont vous pouvez disposer librement. Il ne s'agit évidemment pas de dépenses somptuaires, mais d'une ligne dont vous ne pouvez pas prévoir l'usage et que vous demandez à avoir à disposition.
9. Entourez-vous, prenez conseil, collaborez, expliquez : d'abord en interne, auprès de vos confrères du Comex (particulièrement le CEO, le CFO, le CRO et le DRH, qui sont des partenaires indispensables à votre succès) et de votre équipe. Pour cela, répétez partout qu'il s'agit d'investissements, pas de dépenses. Puis en externe, auprès du board, de confrères, de mentors ou d'analystes dont vous êtes clients. Ou même certains prestataires, si vous leur faites confiance. Ces personnes ont un recul et une expérience que vous n'avez pas, et ils vous aideront à investir de façon responsable. Évidemment, restez le seul maître à bord.
10. Dernier et dixième conseil : suivez vraiment les conseils ci-dessus, faites-moi confiance.

L'une des grandes différences entre le marketing dans un grand groupe et le marketing en start-up ou scale-up, ce sont les moyens financiers. De cette frugalité naît la nécessité de construire et piloter le budget marketing de manière stratégique et agile. Une fois encore, la data est le nerf de la guerre : pour mesurer le ROI de chaque initiative, développer celles qui apportent de la croissance ou de la notoriété tout en étant rentables, et arrêter celles qui ne sont pas suffisamment performantes.

CHAPITRE 17

Externalisation et collaboration

Jordan Chenevier, CEO chez Bulldozer

Gaëlle Dumur, Part-Time CMO et CEO chez A2Marketing

Mégane Gateau, VP Marketing chez Figures

Vous pourrez être amené à externaliser tout ou partie de votre marketing, dans un contexte où de plus en plus de professionnels du marketing optent pour le statut de freelance. Contractualiser avec des freelances, agences ou collectifs est une approche particulièrement pertinente pour les start-up et scale-up en quête de flexibilité, pour répondre à des besoins marketing qui évoluent à chaque étape de leur développement.

Quand externaliser vs. internaliser ?

La décision d'externaliser ou d'internaliser certaines fonctions marketing dépend de la stratégie RH de l'entreprise, de sa maturité vis-à-vis du marketing, de ses enjeux et objectifs. Elle peut avoir un impact significatif sur votre performance et votre budget.

La flexibilité est l'atout majeur de l'externalisation, qui offre l'accès à des expertises spécialisées disponibles immédiatement, sans impacter la masse salariale. La perspective externe est aussi un bénéfice clé.

À l'inverse, vous exercerez plus facilement un contrôle direct sur les priorités, les processus et la qualité du travail délivré par des ressources internes, qui auront par ailleurs une meilleure compréhension de la marque et de la culture d'entreprise.

Ainsi, nous conseillons le recours à l'externe pour des compétences spécialisées ou des projets ponctuels, comme la création de contenu, la gestion de campagnes publicitaires, les relations presse. Vous préférerez internaliser ce qui est stratégique, comme la gestion de la marque, afin de développer des compétences internes.

> Si l'externalisation n'apparaît pas comme la stratégie la plus judicieuse à long terme, c'est en revanche un dispositif efficace pour lancer certains sujets avant de recruter les compétences en interne.

Le cas particulier du Part-Time CMO

On rencontre de plus en plus de CMO à temps partagé dans l'écosystème des start-up et scale-up : ils offrent une expertise de niveau cadre aux start-up en phase de démarrage ou aux scale-up qui optimisent leurs dépenses, sans charger leur structure. Un Part-Time CMO apporte une vision stratégique et une expérience très opérationnelle, tout en offrant la flexibilité dont l'entreprise a besoin, notamment dans les phases de croissance rapide ou de transition.

Un Part-Time CMO peut aussi intervenir en transition, pour combler un gap temporaire entre deux embauches. Il peut vous aider à recruter et structurer votre équipe marketing interne, assurer le transfert de compétences et tracer la trajectoire vers une internalisation complète de votre marketing.

Avis d'expert

Laura Audinot, Part-Time CMO chez l'agence spécialisée A2Marketing

Ignimission et Keepeek sont des éditeurs de logiciels en phase de croissance qui ont opté pour une direction marketing externalisée, à temps partagé. Les principales motivations de leurs CEO ? Limiter les charges de structure, se prémunir d'une erreur de recrutement, tout en se déchargeant du volet marketing en toute confiance. Je partage ainsi mon temps entre ces deux entreprises.

Pour chacune, j'ai contribué au recrutement et je pilote un marketeur junior internalisé, chargé de l'opérationnel au quotidien. Le transfert de compétences en continu permet de préparer l'internalisation du marketing.

Trois ans après, ces deux acteurs se félicitent de ce choix ; ils bénéficient de l'expertise d'un leader marketing expérimenté qui pilote et met en œuvre une stratégie marketing sur mesure pour développer leur présence sur leur marché et accélérer leur croissance. En variabilisant ainsi les coûts, ils maîtrisent leur budget et leur masse salariale.

Les collectifs de freelances : une alternative innovante

Un collectif de freelances est un regroupement de professionnels indépendants qui s'associent pour offrir une gamme de services complémentaires. Ce modèle à mi-chemin entre l'agence traditionnelle et le freelance individuel est celui de Bulldozer et Hirondo, collectifs d'experts en marketing, et présente beaucoup d'atouts. En premier lieu, un collectif offre l'accès, via une solution « guichet unique », à des expertises diversifiées (rédacteurs, designers, développeurs, experts SEO, etc.) pour répondre à des besoins marketing variés.

Ce dispositif à géométrie variable est flexible et permet d'optimiser les coûts.

Réactivité et engagement caractérisent l'intervention des membres d'un collectif, qui capitalisent et partagent process et méthodologies, au bénéfice de la qualité des prestations.

Intégrer un collectif de freelances dans votre stratégie marketing est une bonne idée pour gérer des projets multidisciplinaires qui requièrent des expertises variées (par exemple, refonte de site web, stratégie de contenu, campagnes outbound). Un collectif vous aidera beaucoup dans un contexte de scaling, lorsque vous devrez monter en puissance rapidement sur plusieurs fronts marketing, sans passer par le recrutement. Vous pouvez également compter sur eux pour tester de nouveaux canaux ou stratégies.

Avis d'expert

Jordan Chenevier, CEO chez Bulldozer

ComAve, une start-up spécialisée dans le domaine de la technologie sportive et l'engagement des fans, s'est lancée sur le marché avec une grosse ambition et des délais très serrés. Pour atteindre les objectifs fixés par le management, le CMO a fait appel au collectif Bulldozer pour gérer le lancement du produit et la phase de scaling, avec une équipe composée de :

- un responsable brand pour définir le brandbook ;
- une community manager pour créer du contenu et animer les réseaux sociaux ;
- un designer pour concevoir les supports visuels ;
- une spécialiste SEO pour optimiser la présence en ligne ;
- un Head of Growth pour piloter la performance ;
- une Growth Manager pour lancer les initiatives growth (marketing et produit).

Avec ce collectif, ComAve bénéficie d'une équipe expérimentée, sans les coûts ni les engagements à long terme d'une embauche massive ou d'un contrat avec une grande agence.

Choisir, sélectionner et piloter ses partenaires externes

Voici quelques conseils pour tirer le meilleur parti de votre collaboration avec vos partenaires externes :

- définissez clairement vos besoins en amont ;
- investissez-vous dans la recherche de prestataires, en examinant les portfolios, études de cas, témoignages clients et références des freelances, agences ou collectifs que vous consultez ;
- validez la compatibilité culturelle et la capacité du prestataire à s'aligner avec votre culture d'entreprise pour produire un travail qui résonne avec votre marque ;
- définissez des objectifs mesurables et des KPI ;
- soyez clair dès le début : si vous visez une augmentation de 20 % du trafic organique en 6 mois ou si vous souhaitez doubler votre taux de conversion sur une landing page spécifique, dites-le !
- communiquez régulièrement ;
- restez impliqué : votre input et votre vision sont essentiels pour guider le travail du partenaire.

Avis d'expert

Gaëlle Dumur, Part-Time CMO et CEO chez A2Marketing

Chez A2Marketing, agence de Part-Time CMO, nous avons l'expérience de missions longues, de 2 à 6 ans.

Sans surprise, le bon alignement entre le consultant et l'entreprise cliente est clé, en termes de compétences, d'expérience, de personnalité et de savoir être. Mais pour qu'une mission s'installe dans la durée, il faut un peu plus qu'un excellent profil. Voici quelques prérequis qui ont fait leurs preuves :

- un cadrage sérieux des missions, avant de contractualiser ;
- flexibilité et capacité à adapter les recommandations stratégiques et les moyens qui en découlent à la maturité, à la culture et aux moyens de chaque entreprise ;
- gagner la confiance du CEO au plus vite. Le meilleur moyen ? Identifier des premiers succès faciles, délivrer les premiers jalons dans les délais, se montrer force de proposition ;
- gagner progressivement la confiance et l'adhésion des équipes ;
- être autonome et donner du feedback. Pour que la mission se pérennise, il est fondamental que votre client soit convaincu que son marketing est entre de bonnes mains, et qu'il puisse s'en féliciter chaque jour ! Vous devez donc être un lead marketing solide, autonome sur ses missions, sans oublier de donner de la visibilité à vos actions et vos résultats ;
- rester sur sa ligne de crête : impliqué à 100 % et partie prenante de l'entreprise dans le cadre de vos missions marketing, néanmoins externe, avec la nécessaire prise de recul induite par la posture « conseil » ;

- un dernier conseil : faire en sorte de devenir incontournable et indispensable n'assure pas la pérennité d'une mission… Au contraire, proposer à son client d'internaliser progressivement des compétences, via le recrutement de juniors que l'on va manager et former, contribue bien mieux à vous installer dans votre position de Part-Time CMO, en renforçant la confiance de votre client et les liens avec les équipes internes.

Gérer efficacement une équipe mixte (interne et externe)

Piloter efficacement une équipe mixte, composée à la fois de collaborateurs internes et externes, requiert de la clarté, de l'organisation, des processus, de l'engagement et de l'agilité :

- clarté des rôles, des responsabilités et des attentes en termes de disponibilité, de réactivité et de livrables ;
- processus de communication unifiés, avec des outils de collaboration comme Slack, Microsoft Teams ou Asana ;
- inclusion des ressources externes dans la culture d'entreprise (événements d'équipe, réunions générales, célébrations) pour favoriser la cohésion de l'équipe ;
- alignement régulier, feedback bidirectionnel et ajustements.

Avis d'expert

Mégane Gateau, VP Marketing chez Figures

Mon équipe se compose uniquement d'experts freelance pour m'aider sur les publicités en ligne, le product marketing, le social media, les relations presse, le SEO, le design et le contenu.

Ainsi, je m'appuie sur des expertises pointues, opérationnelles immédiatement, et je bénéficie de leur expérience pour tester et accélérer sur certains canaux.

Cette organisation offre beaucoup de flexibilité, avec la possibilité contractuelle de diminuer le volume d'intervention, voire d'arrêter la collaboration en cas de restriction budgétaire.

En contrepartie de ces avantages, le principal inconvénient est que la connaissance n'est pas internalisée. Je pense à notre product marketing manager externe qui nous accompagne depuis plusieurs mois ; parfaitement intégrée dans nos équipes produit, tech et marketing, elle a développé une connaissance pointue et inestimable de notre produit, de nos clients et de la proposition de valeur de chacun de nos modules. Il nous faut préparer l'internalisation de cette compétence pour anticiper un éventuel arrêt de cette collaboration. Par ailleurs, le management d'une équipe uniquement composée de freelances se révèle chronophage, demandant davantage de relecture, validation, coordination et contrôle que le management d'une équipe composée de collaborateurs internes.

Évaluer l'efficacité de votre stratégie d'externalisation

Le ROI de l'externalisation inclut des métriques financières, y compris l'impact sur les KPI marketing, mais aussi des bénéfices qualitatifs tels que la qualité des livrables, le respect des délais, la satisfaction de l'équipe interne, la flexibilité et le transfert de compétences. On ne saurait trop vous conseiller en effet, lorsque vous travaillez avec des agences, des freelances ou un Part-Time CMO, d'évaluer dans quelle mesure votre équipe interne a pu acquérir de nouvelles compétences grâce à cette collaboration.

Part-Time CMO, CMO-as-a-service... les CMO des scale-up et entreprises tech ont lancé un mouvement de fond. Après avoir passé plusieurs années en tant que salariés à temps plein, ils aspirent à un nouveau mode de vie et une nouvelle approche du marketing, plus flexible, moins institutionnelle que celle qui a prévalu pendant des décennies. Et cette transformation ne fait que commencer.

CHAPITRE 18

Rôle des mentors, fonds, advisors et communautés de pairs

Patrice Barbesier, Marketing Advisor (ex-CMO de Partoo)

Guillaume Laguette, CRO chez echOpen

Gaëlle Le Goff, Part-Time CMO

Aude Romelly, Part-Time CMO et Executive Coach

Les chapitres précédents ont révélé la complexité du rôle de CMO. Dans cet environnement exigeant, l'isolement peut devenir un piège redoutable. C'est pourquoi il est important de vous entourer pour maximiser votre réussite.

Rôles des investisseurs (et structures d'accompagnement)

Les structures d'accompagnement aux entreprises innovantes sont nombreuses et influentes et peuvent soutenir vos efforts marketing, au-delà du plan financier. Il est probable que votre entreprise soit accompagnée par au moins l'une d'entre elles.

Mais d'abord, dissipons quelques mythes :

- boucler un tour de financement est un réel accomplissement. Cela demande une préparation intense, mais aussi des remises en question et des concessions ;
- lever des fonds n'est pas toujours nécessaire pour se développer. Certaines entreprises comme Partoo choisissent délibérément de s'en passer. Allez voir du côté du Club Bootstrap[7] pour en savoir plus ;
- enfin, lever des fonds, ce n'est simplement pas pour tout le monde. Tous les modèles économiques ne s'y prêtent pas.

7. Fondé en avril 2021, le Club Bootstrap est un collectif qui souhaite transformer la mesure du succès dans l'écosystème européen pour y intégrer l'impact sociétal et humain : https://www.club-bootstrap.com

RÔLE DES DIFFÉRENTS CONTRIBUTEURS AU MARKETING EN ENTREPRISE

Stage	Structure	Focus business	Rôle du CEO	Rôle des investisseurs	Objectif des investisseurs	Rôle du marketing
Pre-seed	Incubateurs et accélérateurs	Transformer un concept ou une idée en projet viable		Fournir un soutien stratégique et du mentorat	Long terme Ne pas perdre ses billes par manque de cash	
Seed/Série A	Business Angels Early stage VC	Market fit Business model	Montrer de la croissance et de la récurrence	Aider à la validation du produit et à la recherche de clients	Croissance en priorité Profitabilité selon (cf. Covid, inflation)	Comprendre le marché et la concurrence Expérimenter et identifier les canaux et stratégies les plus performantes en Go-To-Market Développer le narrative (brand story, value proposition)
Série A/B/C	VC ou CVC	Croissance	Raconter l'histoire du marché	Aider à la structuration et l'expansion des opérations	Profitabilité en priorité Croissance si possible	Trouver le bon équilibre entre les actions court terme et long terme, l'optimisation de la performance et le développement de la notoriété pour soutenir la génération de revenus Professionnaliser la fonction marketing Soutenir les process de levée de fonds (branding, investor deck)
Série D/E	PE	Rule of 40 (croissance et profitabilité)	Alignement avec le fond majoritaire	Aider à la consolidation des opérations		Sniper des KPI : – Maximiser la rétention (NRR) – Réduire ou stabiliser le Coût d'Acquisition Client (CAC) Soutenir l'ouverture de nouveaux marchés

Source : David Remaud, CMO chez iBanFirst

Valorisez la relation avec vos investisseurs

Pression, perte de contrôle, risque d'éviction : les VC sont parfois redoutés, pourtant, leur seul objectif est de booster votre croissance et leur retour sur investissement. Comment optimiser cette alliance et quand et comment impliquer vos VC ?

Leur réputation = votre super-pouvoir

Vous avez levé des fonds ? Bravo ! Vous venez de débloquer une opportunité en or pour renforcer la crédibilité de votre start-up et booster votre image de marque. Pour en tirer le meilleur parti :

- collaborez aux initiatives de vos investisseurs : participez à leurs newsletters, blogs et podcasts ;
- affichez votre partenariat : mentionnez-le dans vos communications et interventions. Assurez-vous d'apparaître dans leur portfolio en ligne.

Accélérez votre croissance grâce à leur réseau surpuissant

Vos investisseurs possèdent un autre atout précieux : un vaste réseau de contacts industriels, partenaires potentiels, leaders d'opinion et journalistes. Exploitez-le pour gagner du temps :

- identifiez les contacts les plus stratégiques avec votre investisseur ;
- soyez proactif et demandez les mises en relation dont vous avez besoin ;
- cultivez ces liens sur le long terme et impliquez ces personnes dans votre développement.

Rejoignez leur communauté

Dès votre arrivée dans leur portefeuille, les fonds d'investissement et réseaux de Business Angels (investisseurs indépendants) vous ouvrent les portes de leur communauté :

- rejoignez leurs espaces de discussion : Slack, Google Groups, WhatsApp...
- échangez avec d'autres start-up du portefeuille. Leurs expériences sont une mine d'or d'informations ;
- partagez vos défis, posez des questions. La communauté est là pour vous épauler ;
- donnez en retour. Dans cet écosystème, l'entraide est la clé du succès collectif.

Capitalisez sur les partages d'expériences et de connaissances

Les fonds d'investissement vous ouvrent l'accès à une intelligence collective inestimable :

- les cercles d'échange avec vos pairs sur des thématiques ciblées pour résoudre vos défis dans un cadre confidentiel ;
- les masterclasses animées par des experts maison ou partenaires (Google, Hubspot, AWS...) qui traiteront de sujets concrets, comme la structuration d'équipe ou l'expansion internationale.

Expertise-as-a-service : le rôle de Operating Partner dans un fonds

Depuis une dizaine d'années, les fonds d'investissement ont constitué des équipes d'experts (Operating Team, Platform Team, Startup Success Team) pour maximiser le succès de leur portefeuille. Ces experts sont désormais au cœur de la proposition de valeur des fonds, les positionnant comme partenaires stratégiques multidimensionnels. L'équipe operating, généralement séparée des équipes d'investissement, assure une distinction entre le board et le terrain opérationnel.

Elle peut intervenir pré et post investissement. Son implication peut prendre différentes formes, mais elle se concentre principalement sur l'efficience des processus internes et l'optimisation du revenu. Elle crée un parcours adapté pour chaque entreprise accompagnée.

> Vos interlocuteurs au sein d'un fonds sont rarement représentatifs de vos personas cibles. Ne vous attendez pas à recevoir une position tranchée, mais plutôt une aide à dérisquer ou contourner un problème.

À moins que vos reportings ne fassent remonter un besoin criant d'amélioration, c'est à vous de définir une problématique précise sur laquelle mobiliser un Operating Partner.

Avis d'expert

Un membre de TechMarketingLeaders, en collaboration avec l'équipe Operating Partner de Serena

Serena est actionnaire de Seiza (ex-Work4), spécialisée en RH tech pour générer des candidatures qualifiées pour les recrutements à fort volume. Après plusieurs cycles de croissance et de ralentissement, l'entreprise cherchait encore son modèle économique en 2018. Malgré une reprise de la croissance, Seiza restait déficitaire et manquait d'efficience opérationnelle. Le constat était clair : le panier moyen et la multiplication des « petits » clients ne permettraient pas d'atteindre la rentabilité.

Pour sortir de l'impasse, un changement majeur de stratégie s'imposait : passer d'un ciblage PME (panier moyen 7 000 € d'ARR) à un modèle Grand Compte (plus de 100 000 € d'ARR).

À cette époque, la directrice de l'équipe Operating Partner de Serena est Amélie Faure, qui a pu expérimenter ces transitions avec succès chez d'autres entreprises et sait qu'un changement de cette ampleur doit impliquer l'ensemble des équipes sales, marketing et operations.

La solution : former l'ensemble des équipes à la méthode de vente Customer Centric Selling. Cette approche vise à débloquer des budgets au plus haut niveau décisionnel.

La formation dure deux semaines et va impliquer plus de 20 personnes dans l'entreprise. L'objectif est simple : évaluer, chez les prospects, le manque à gagner potentiel sans la solution Seiza. Et ce faisant, faire émerger la valeur stratégique de la solution qui devient prioritaire par rapport à son coût.

Pour que cette stratégie fonctionne, voici les éléments clés à exécuter :

- identifiez les leviers de croissance sur lesquels l'entreprise peine à avancer ;
- trouvez un « champion » au sein de l'équipe du prospect pour accéder au plus haut niveau de décision ;
- analysez l'impact de la solution sur les leviers de croissance et l'ensemble du cycle de vie pour les clients du prospect.

Seiza ne se positionnait plus comme le vendeur de solution, mais comme un cabinet de conseil sur l'atteinte des objectifs de l'entreprise en mobilisant l'ensemble de l'équipe marketing, notamment le product marketing et le market intelligence (vision de marché).

Résultat : Seiza a signé des contrats de plus de 500 000 € d'ARR et est devenue rentable en moins de 18 mois. Ce succès n'aurait pas été possible sans l'implication de l'équipe operating de Serena, qui a soutenu Seiza à chaque étape, assurant aussi bien l'adhésion de tous les employés que l'exécution des changements opérationnels (deck, CRM, closing, CSM).

Cette expérience prouve que les entreprises qui communiquent le plus avec leurs investisseurs sont généralement les plus performantes.

You'll never walk alone (ne restez jamais seuls avec vos problèmes)

Pour illustrer l'évolution d'un CMO, ses défis et ses questionnements, nous avons décidé de vous raconter l'histoire fictive d'Olivier.

Olivier est Head of Growth d'une scale-up française. Intelligent, rapide et ambitieux, il est repéré par une start-up à fort potentiel qui lui offre le poste de CMO. Sa mission : constituer une équipe solide pour accompagner la croissance de l'entreprise, construire une machine à leads efficace et établir une marque forte et désirable.

La chance d'Olivier, c'est cette rencontre avec l'Operating Partner de son fonds. Il lui dira ce que beaucoup d'entre nous auraient aimé entendre : « C'est normal que tu ne saches pas tout. Chacun prend son poste avec ses atouts, ses appétences et des zones à explorer. »

Le pouvoir des rencontres

Olivier n'y connaît pas grand-chose en brand et c'est pourtant un de ses objectifs clés : il doit faire de sa marque un incontournable de son secteur. L'Operating Partner lui donne donc le contact de Gaëlle, CMO experte en branding ! Au lieu de céder au syndrome de l'imposteur, il passe à l'action.

Le premier conseil de Gaëlle ne s'est pas fait attendre : « Contacte un maximum de CMO qui sont soit dans ton secteur, soit qui viennent de dépasser le stade de maturité de ta boîte et demande-leur de te partager leur expérience, leurs défis et leurs conseils. »

En à peine quelques semaines, il apprend les pièges qu'il doit éviter, comment se comporter avec ses pairs du Codir, récupère des noms d'agence et même quelques contacts de personnes qu'il pourrait embaucher pour constituer une équipe talentueuse.

Avis d'expert

Aude Romelly, Part-Time CMO (ex Bel-LVMH-MiiMOSA)

Après 10 ans en marketing en grand groupe, je « débarque » comme CMO dans la tech. Le premier jour, je réalise le gap entre mes connaissances et les attentes du job. Experte en branding et retail, le business online m'est moins familier. Ma rencontre avec Jean Baptiste Schiandra, ex-CMO de Shine et d'October, est décisive. Il m'aide à monter en compétence et en quelques semaines, je me sens plus à l'aise. En échange, je l'aide sur ses campagnes de notoriété. Une entraide gagnant-gagnant.

Communauté de pairs

Olivier progresse rapidement, mais le large périmètre du CMO reste un défi quotidien. Gaëlle lui suggère alors de rejoindre TechMarketingLeaders, une communauté de pairs toujours disponible. Sur le groupe Slack, il découvre un espace où les membres partagent leurs défis quotidiens et stratégiques. Surpris par la bienveillance et la transparence qui y règnent, Olivier se sent libre de poser sa première question sur le recrutement de son équipe. Les réponses affluent et Selma lui propose même un échange en visio pour approfondir.

Avis d'expert

Patrice Barbesier, Marketing Advisor (ex-CMO de Partoo)

Sans TechMarketingLeaders, le marketing de Partoo aurait foncé droit dans le mur ! Après 5 ans dans des grands groupes (Sony et Samsung), je rejoins Partoo, une start-up de 20 personnes, pour créer et scaler le département Marketing. Tétanisé par l'ampleur de la mission, je m'appuie sur une communauté de pairs. Cela m'a évité bien des erreurs et a rendu mon quotidien beaucoup plus serein. On m'a guidé sur ma 1re roadmap, la structuration de mon équipe et l'internationalisation. Trop de gens foncent tête baissée sans prendre le temps de consulter leurs pairs. À mon avis, c'est une grave erreur, quelle que soit votre séniorité.

Mentoring/advisory

Olivier est impressionné par Selma. Elle a tout vécu (création, scale, fusion, internationalisation) et ses réponses sont concrètes et directement applicables. Avoir Selma à ses côtés l'aiderait à se sentir plus armé pour ses projets stratégiques, notamment face à son CEO. Elle lui présente alors le rôle d'advisor/mentor, un expert disponible régulièrement pour son mentoré sur une période définie.

Avis d'expert

Geoffrey Vion, VP Marketing chez Contentsquare

À quelle étape faut-il un advisor pour combler ses « gaps » d'expertise ? Facile : à toutes !

- Au lancement : élaborer sa stratégie, recruter, etc.
- Apport d'expertise : structurer son organisation, internationalisation, etc.
- Lors de difficultés : partenariats stratégiques, problèmes RH, etc.

Contrairement aux États-Unis où l'accompagnement par un advisor est une évidence à tout niveau, la pratique reste rare dans la tech européenne, surtout en France. L'ex-CMO Global de Contentsquare a négocié trois advisors dès son arrivée pour confronter sa stratégie, conseiller, apporter une caution au board et ouvrir leurs réseaux. Le « casting » fut minutieux : l'un a mené une IPO, une autre excelle dans une industrie...

Coaching

Olivier est de plus en plus confiant dans sa fonction. Sa marque se développe, ses actions payent et son marketing devient plus performant. Il a gagné la confiance de la direction et collabore efficacement avec les équipes produit et commerciale. Mais l'épuisement le guette sous la pression du CEO, ce qui affecte son comportement avec son équipe. Certains membres envisagent de partir.

Conscient de n'avoir jamais travaillé son leadership, Olivier se tourne vers Selma, qui lui recommande sa coach, Myriam. D'abord sceptique, Olivier persévère. Au fil des séances, il comprend mieux ses fonctionnements et dialogue plus efficacement avec le CEO, débloquant des leviers de croissance. Il apprend à écouter, comprendre et valoriser son équipe, qui devient plus engagée, améliorant ainsi la performance de 20 %.

Après deux ans comme CMO, Olivier mesure ses accomplissements et sa transformation en tant que marketeur et leader. Diriger le marketing n'est pas anodin : on peut se focaliser sur ses lacunes, subir l'anxiété de la pression des actionnaires, frôler la surcharge en comblant les manques d'une équipe incomplète. S'entourer d'un réseau d'entraide de pairs et de professionnels est crucial pour naviguer sereinement dans cette aventure.

En conclusion, le succès d'un CMO dans l'environnement exigeant des start-up et scale-up dépend de ses compétences techniques, mais également de sa capacité à s'entourer et cultiver un réseau solide tout au long de son parcours professionnel, à apprendre continuellement et à s'adapter. Cette approche collaborative et ouverte, c'est exactement celle qui a sous-tendu la création de TechMarketingLeaders.

CHAPITRE 19

Apprendre de et avec les concurrents

Olivier Milcent, Chief Sales and Marketing Officer chez DeepReach

Yannig Roth, Part-Time CMO et fondateur de Hirondo

« Pourquoi veux-tu toujours que l'on regarde la concurrence ? Cela nous prend du temps et nous distrait de nos tâches », rétorquait récemment un membre de l'équipe de Yannig, un des auteurs de ce chapitre. Est-il superflu de regarder la concurrence, ses actions, ses produits et efforts marketing ? Selon nous, non. Certes, il faut toujours regarder en priorité la valeur que l'on crée pour ses clients, ses employés, ses actionnaires, mais ceci passe nécessairement par une attention portée au marché, dont les concurrents font évidemment partie.

En effet, certains des indicateurs de performance importants pour la fonction marketing (part de marché, part de voix, etc.) sont « comparatifs ». Même si ces chiffres ne guident pas les actions quotidiennes du CMO et de son équipe, et ont davantage de pertinence pour des acteurs matures, ils illustrent tout de même le besoin de déterminer un périmètre de comparaison, et donc des concurrents. Ils permettent aussi de s'assurer que l'on est cohérent dans son positionnement et distinctif sur le marché.

Pourquoi et quand regarder la concurrence ?

Chacun doit porter une attention à la concurrence, à sa façon. Le marketing doit ainsi pouvoir nourrir les autres fonctions et se nourrir de la connaissance disponible.

Les (rares) cas dans lesquels ne pas s'intéresser aux concurrents

Chaque entreprise qui a une mission claire, une envie de participer à une grande cause, une passion intrinsèque pour un domaine, une adoration du service client, tirera son succès de l'interne, et non de la concurrence. L'énergie vient des collaborateurs, l'innovation est naturelle, le marketing ne consiste qu'à refléter le *why* et le faire connaître, rendre disponibles les bons produits et services au bon endroit, au bon prix.

Dans ces cas, porter une attention à la concurrence apporte très peu de valeur. Parfois, ces entreprises créent des marchés ou des segments complètement nouveaux, auxquels les concurrents vont devoir s'intégrer en les « suivant » avec un désavantage et un retard considérable. C'est ce qu'on appelle la « création de catégorie ». C'est très difficile à faire, mais cela rend l'attention portée à la concurrence moins importante.

Cela étant dit, à part peut-être les monopoles étatiques, aucune entreprise n'évolue dans un paysage non concurrentiel et ne devrait se penser exempte d'avoir un œil sur les innovations.

Il y a un autre contexte dans lequel nous recommandons de ne pas trop regarder les concurrents, c'est dans les premiers mois ou les premières années d'existence de la société, lorsque le produit est en phase de conception, qu'il y a plus de R&D à effectuer que de marketing à penser et mettre en œuvre. Les ressources sont encore limitées et exclusivement consacrées à concevoir un produit qui trouvera son marché : c'est le product-market fit, qui consiste à trouver le bon alignement entre l'offre et les cibles clients. Pour cela, il faut faire de nombreux efforts de positionnement, de commercialisation, d'argumentation ; donc de marketing ! Il s'agit essentiellement de s'intéresser à ses clients et à leurs besoins, et non pas aux concurrents et à leurs solutions.

Les (nombreuses) raisons de suivre la concurrence

Dans la tech B2B, le processus d'achat est souvent long et complexe. Dans ce contexte, pour chaque acteur de la tech, il faut savoir quelle impression on laisse et quelle impression donnent les autres acteurs. C'est de là que découlent des comportements d'achat que vous cherchez forcément à influencer en tant que marketeurs. Pour cette simple raison, et pour les suivantes, nous recommandons d'intégrer une habitude de veille concurrentielle dans l'agenda du CMO et de ses équipes.

■ S'assurer d'être toujours visible et unique

Pour gagner des contrats, vous devez avoir une offre de qualité (a minima), être connu et reconnu, et idéalement être objectivement meilleur que les alternatives. Cette différence se prépare. Les équipes chargées de la recherche et la conception doivent connaître les fonctionnalités appréciées des clients et sous-investies par les concurrents pour concevoir un produit attractif. Les équipes communication doivent savoir où se porte l'attention de leurs cibles et comment les concurrents diffusent leurs messages pour établir une stratégie impactante. Il en va de même pour les équipes marketing, vente ou service client.

Cette connaissance permet à l'entreprise de se nourrir constamment de signaux faibles, de chiffres et de tendances pour cultiver sa différence. Celle-ci s'exprime dans des stratégies construites, exécutées avec conviction à moyen et long terme.

> On ne réagit pas aux informations ou actions émanant de la concurrence de façon précipitée, on s'en sert pour être pertinent, différent et visible sur le marché que l'on veut conquérir !

Diffuser une culture de l'innovation et de la vigilance

Nous encourageons les CMO et leurs équipes à regarder activement le marché. Les responsables digital and growth doivent pouvoir apprendre des techniques d'acquisition des acteurs les plus innovants du secteur. Les responsables de contenu doivent connaître la stratégie éditoriale ayant le plus d'impact. Les responsables événementiels doivent savoir où sont allés leurs confrères, comment ils s'y sont présentés et quelle impression ils ont laissé auprès des participants.

Il s'agit d'une saine culture de curiosité, de vigilance et d'humilité à avoir au sein de chaque équipe marketing. En connaissant les actions de la concurrence, sans pour autant en être obsédé, on a la capacité de cultiver sa singularité pour concevoir de meilleures stratégies, des campagnes plus impactantes, des programmes mieux exécutés. De même, chaque membre du Comex devrait le faire, à sa façon, et en extraire les informations les plus importantes.

> Les premiers curieux doivent être le CEO, ainsi que chaque membre de la direction dans son périmètre respectif.

Aider les commerciaux à mieux vendre

Le CMO a pour responsabilité d'outiller les fonctions commerciales pour attirer, convertir et fidéliser les clients.

Un commercial a déjà un avantage face au prospect si le marketing a bien fait son travail.

Le commercial peut entamer une discussion informée du contexte du prospect, dont le besoin est établi et qui a été sensibilisé à la proposition de l'entreprise. Il peut donc se concentrer sur la partie la plus importante : la construction d'un lien de confiance et l'écoute.

Le commercial a ainsi une offre claire à présenter, au bon prix, avec les bons arguments. Nul besoin de se comparer à la concurrence dans les discussions, sauf si le prospect pose des questions très précises.

Il est bon d'être informé des forces et faiblesses de la concurrence, pour appuyer les forces de notre offre (sans jamais dénigrer celle des autres).

Attirer les bons talents au sein de votre organisation

Nous évoluons dans un constant contexte concurrentiel, et celui-ci ne s'applique pas qu'aux prospects et clients que vous souhaitez acquérir ou fidéliser. En tant que CMO, vous êtes bien placé pour savoir que les bons talents sont absolument indispensables à votre succès. Et nous ne parlons pas que des meilleurs employés, mais aussi de freelances, influenceurs, analystes ou prestataires.

Si l'un de vos concurrents a identifié une nouvelle filière d'excellence pour recruter des jeunes talents, c'est mieux pour vous de le savoir.

Si vous avez du mal à recruter des bons marketeurs ou que vous perdez vos meilleurs éléments au profit de la concurrence, il s'agit de réagir pour ne pas perdre des ressources stratégiques à votre réussite.

Comment organiser et diffuser la veille concurrentielle ?

L'analyse de la concurrence est importante mais ne garantit pas votre succès. Il faut l'organiser efficacement pour minimiser l'effort tout en maximisant l'impact sur vos échanges commerciaux et votre culture interne.

Collectez des informations sur vos concurrents

Une information utile concernant un concurrent peut venir de nombreuses sources, mais c'est au marketing et en particulier au product marketing de collecter l'ensemble de ces éléments, de les organiser et de les restituer.

On commence par LinkedIn

Malgré les critiques, LinkedIn reste essentiel pour la veille concurrentielle. Suivez les pages corporate et les personnes clés qui communiquent moins officiellement. Observez les publications, likes et commentaires pour analyser leur réseau et leurs clients. Examinez aussi les employés : combien sont-ils, où sont-ils et quelle part de profils tech, pour comprendre leur positionnement réel. Avec un compte LinkedIn Sales Navigator, vous pouvez partager une liste de concurrents.

Cette analyse peut être reproduite sur Instagram ou d'autres réseaux si votre marque est plus B2C, mais LinkedIn reste crucial. Des informations sont aussi disponibles sur Welcome to the Jungle. Si le besoin est plus critique et que le budget le permet, utilisez des outils de veille comme Brandwatch, Mention ou Talkwalker.

D'autres outils pour rester en alerte

- Google Alerts : tout simple, gratuit et diablement efficace pour ne rien rater d'une news d'un concurrent. Feedly, dans sa version premium, va encore plus loin dans la capacité de veille.
- Des plateformes d'informations légales, comme Pappers, pour tracker la performance financière, les changements d'actionnaires et les informations corporate importantes.
- Des outils de détection de changement de site web, comme ChangeTower.
- Si votre business est centré sur les apps, il existe aussi des outils pour analyser les avis des concurrents sur les stores Google et Apple.
- Dans chaque industrie, vous trouverez des outils de veille spécifique (par exemple pour suivre l'audience et la monétisation des applis de jeux mobiles).

Outils SEO

Les outils SEO, comme Semrush ou Ahrefs, sont une source d'information précieuse. Ils révèlent les stratégies cachées de vos concurrents, comme l'évolution des mots-clés organiques et payants, et le trafic du site, indicateur de l'intérêt des prospects. Créez un dashboard avec votre SEO Manager pour suivre les tendances importantes.

Win/loss interviews

Ces interviews, courantes dans les techs US mais encore rares en France, apportent des insights clients incroyablement riches, y compris concernant le rapport de votre offre à vos concurrents. Elles permettent d'évaluer des aspects non factuels comme la confiance, la force de la marque ou le sentiment de modernité. Des éléments clés de votre parcours client, comme la relation pre-sales, la contractualisation ou l'on-boarding, sont aussi évalués. Les win/loss interviews, d'environ 30 minutes, aident à comprendre le ressenti des clients face à votre entreprise et à ses alternatives. Elles sont menées par le product marketing et ciblent en particulier les acheteurs.

Enrichissez votre base de connaissances lors de « Competition Reviews »

Tous les deux mois, organisez une réunion avec une dizaine de collaborateurs pour analyser la concurrence, pilotée par le product marketing. Incluez les sales « chasseurs », 1 ou 2 membres clés de l'équipe produit et la direction, par exemple le CEO, CSO (Chief Sales Officer), CMO et CPO (Chief Product Officer). Chaque participant prépare des informations sur 3 ou 4 concurrents. La réunion, bien préparée en amont, reste flexible pour permettre des échanges constructifs.

> Ce type de réunion ouvrant souvent des discussions enflammées autour de ses produits, il est utile de garder un agenda léger et laisser chacun s'exprimer. On garde quelques minutes pour évoquer rapidement d'autres concurrents, notamment de nouveaux venus. Le product marketing prend note et met à jour les battles cards. Un canal slack « #benchmark » ou « #competition » permettra aussi de partager des informations sur la concurrence.

Synthétisez en battle cards

Les battles cards sont des fiches disponibles en interne, résultant des différentes sources de collecte d'information sur la concurrence.

EXEMPLE DE BATTLE CARD

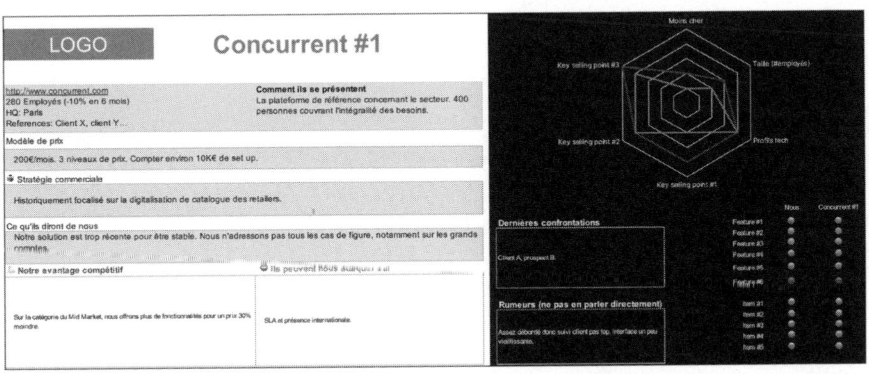

Source : Olivier Milcent (Chief Sales and Marketing Officer de DeepReach, adtech pour les campagnes multilocales)

Les battle cards peuvent être gérées via Excel ou Notion, l'essentiel étant qu'elles soient lisibles, utiles et à jour. Une version « externe » peut être créée, ne conservant que les informations factuelles, vérifiées et défendables face à un prospect.

Quelle attitude adopter quand on parle de ses concurrents ?

Il s'agit ici de culture d'entreprise : on doit toujours montrer du respect vis-à-vis de ses concurrents. En effet, quel crédit donneriez-vous à une personne qui dénigre ses concurrents, qui affiche de la condescendance et du mépris ?

Par ailleurs, la bonne attitude, quand on doit rentrer dans un jeu de comparaison, est de rester factuel, centré sur sa proposition et de poser les questions qui vont éclairer le choix de l'acheteur.

Le marketing doit aider l'acheteur à faire le meilleur achat, il ne doit pas forcer la vente. Orientez donc vos échanges de façon à amener vos forces en alignement avec les besoins de l'acheteur et révéler les sujets importants que vos concurrents ne sauront pas adresser mieux que vous.

La position des start-up et scale-up par rapport à leurs concurrents est toujours ambivalente. Bien souvent, elles « disruptent » un marché et, par là même, cherchent à ringardiser leurs concurrents. Mais il serait bien présomptueux de regarder les concurrents historiques de trop haut. C'est donc cet équilibre fragile qu'il faut essayer de trouver pour comprendre le marché, ses évolutions, les niches inexplorées et les besoins non satisfaits.

PARTIE V

DATA, INTELLIGENCE ARTIFICIELLE, CONFORMITÉ ET GESTION DE CRISES

CHAPITRE 20

Maximisation de l'impact avec la data

Jordan Chenevier, CEO chez Bulldozer
David Remaud, CMO chez iBanFirst

Les données chiffrées sont essentielles pour toute direction marketing. Elles permettent non seulement de mieux collaborer avec l'équipe commerciale, mais aussi d'optimiser le process d'acquisition clients, de communiquer efficacement avec le CEO et le conseil d'administration, et finalement de prendre les meilleures décisions.

La valeur réelle de la data

Que ce soit en temps, en argent ou en énergie, avoir des indicateurs fiables, partagés et de qualité demande un investissement important. Avant de plonger dans les détails techniques, il est essentiel de comprendre pourquoi la data est si précieuse pour un responsable marketing.

Analytique et intelligence marketing : KPI et tableaux de bord

Les indicateurs clés de performance (KPI) et les tableaux de bord sont cruciaux pour suivre et améliorer les performances marketing. Ils permettent de :

- mesurer l'efficacité des campagnes en temps réel ;
- identifier rapidement les opportunités d'amélioration ;
- justifier les investissements marketing auprès de la direction.

Jordan Chenevier, CEO chez Bulldozer, explique : avec Bulldozer, le collectif d'experts en marketing et growth que je co-dirige, une problématique que l'on observe chez beaucoup de nos clients concerne le manque d'analyse des taux de conversion, par exemple à chaque étape du parcours client. Si on parle d'une entreprise de logiciels SaaS, ça peut concerner un taux d'abandon élevé après la démo du produit. En examinant les données, on découvre souvent que les prospects trouvent l'onboarding trop complexe. Cette information permet donc à l'équipe marketing de travailler avec le produit pour le simplifier et créer du contenu éducatif ciblé. En B2C, ces mêmes données peuvent révéler où les clients abandonnent leur panier d'achat en ligne. Prenons l'exemple d'un site e-commerce de mode qui constate un taux d'abandon élevé à l'étape du paiement. L'analyse des données pourrait révéler que les clients sont rebutés par les frais de livraison élevés. L'entreprise pourrait alors tester une offre de livraison gratuite au-delà d'un certain montant d'achat et mesurer l'impact sur les conversions.

Le « nœud papillon » : un outil puissant pour l'optimisation du funnel

Le concept du « nœud papillon », développé par Winning by Design, offre une approche « data-centric » pour suivre le parcours client de la prise de conscience à la fidélisation. Cette méthodologie s'applique tant au B2B qu'au B2C.

INDICATEURS DATA À MESURER POUR PILOTER LE « NŒUD PAPILLON »

VOL = Volume de données (ex : leads, ARR) ; TC = Taux de conversion (ex : taux de succès, NRR) ; Δt = temps (ex : cycle de vente)

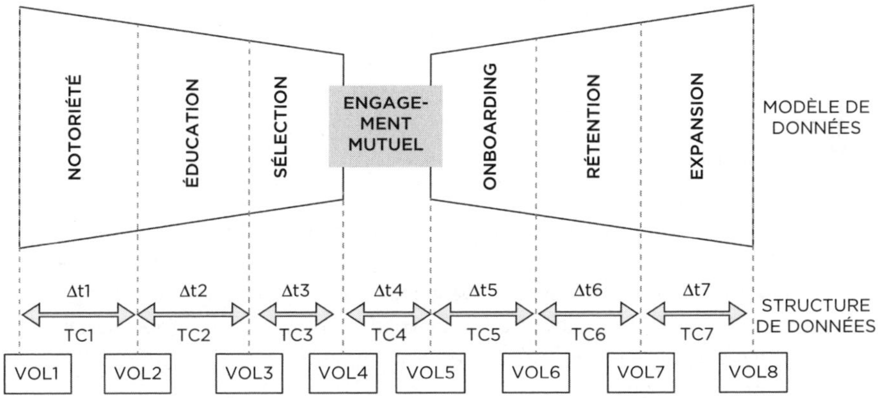

Source : Winning By Design

Comment vivre avec des données imparfaites

Malgré vos efforts, il est probable que vous deviez travailler avec des données qui ne sont pas parfaites. Voici quelques stratégies détaillées pour tirer le meilleur parti de données imparfaites.

Utilisez la loi des grands nombres

En marketing B2C ou B2B ciblant les PME, vous avez souvent l'avantage du volume. Même si certaines données individuelles sont incorrectes, les tendances globales peuvent rester fiables si votre échantillon est suffisamment grand.

Imaginons par exemple que vous gérez une plateforme d'e-commerce avec des milliers de transactions quotidiennes. Vous remarquez que les données de certaines transactions sont incomplètes ou incorrectes (par exemple, des codes postaux manquants ou erronés). Au lieu de vous focaliser sur la correction de chaque erreur individuelle, vous pouvez utiliser l'ensemble des données pour tirer des conclusions fiables sur les tendances d'achat par région.

Avis d'expert

David Remaud, CMO chez iBanFirst

Il existe de nombreuses techniques d'échantillonnage qui peuvent nous aider à tirer le meilleur parti de nos données, même lorsqu'elles sont imparfaites :

- **segmentation rigoureuse :** il est crucial d'éviter de mélanger des données provenant de segments trop différents. Chaque segment a ses propres caractéristiques et doit être analysé séparément pour obtenir des insights pertinents ;
- **identification des biais :** certains biais peuvent facilement s'introduire dans nos données. Un exemple frappant est celui du panier moyen dans les ventes B2B. J'ai observé que les vendeurs ont tendance à avoir des comportements différents en début et en fin de trimestre, souvent pour présenter de meilleurs chiffres lors des revues avec leur management. Pour contrer ce biais, j'ai pris l'habitude soit d'intégrer ce facteur dans nos analyses, soit de calculer le panier moyen sur une période plus longue pour lisser ces variations ;
- **élargissement de l'échantillon :** Quand on doute de la fiabilité de certaines données, il peut être bénéfique d'augmenter la taille de l'échantillon, que ce soit en allongeant la période d'observation ou en incluant plus de pays ou de régions dans l'analyse. Cela permet souvent de lisser les biais et d'obtenir une vision plus juste. Par exemple, lorsque les dates de clôture des ventes ne sont pas fiables, je préfère calculer un taux de conversion sur une année glissante plutôt que sur des périodes plus courtes ;
- **attention particulière au B2B « grand compte » :** dans le cas du marketing B2B ciblant les grandes entreprises, où l'on traite souvent avec des dizaines de prospects plutôt que des milliers, l'utilisation de la loi des grands nombres peut être trompeuse, voire dangereuse. Dans ces cas-là, j'ai appris à privilégier des approches plus qualitatives et à être très prudent dans l'interprétation des données quantitatives.

Concentrez-vous sur les variations

Plutôt que de vous fier à des valeurs absolues potentiellement inexactes, observez les changements au fil du temps. Une augmentation ou une diminution significative d'un indicateur est souvent plus révélatrice que sa valeur exacte.

Supposons par exemple que vous suivez le taux de conversion de votre site web, mais vous n'êtes pas sûr de la précision absolue des chiffres en raison de problèmes de tracking. Au lieu de vous focaliser sur le taux exact, vous pouvez observer les variations. Si vous constatez une baisse de 20 % d'une semaine à l'autre, cela mérite une investigation, même si vous n'êtes pas certain du taux exact.

Triangulation des données

Utilisez plusieurs sources de données pour confirmer vos observations. Si différentes métriques pointent dans la même direction, vous pouvez être plus confiant dans vos conclusions.

Par exemple, pour évaluer le succès d'une campagne marketing, ne vous fiez pas uniquement aux clics sur vos publicités. Examinez également les visites sur votre site web, les mentions de votre marque sur les réseaux sociaux et les ventes pendant la période de la campagne. Si tous ces indicateurs montrent une tendance positive, vous pouvez être plus confiant dans le succès de votre campagne, même si les données de chaque source ne sont pas parfaites.

Segmentez intelligemment

Évitez de mélanger des données provenant de segments très différents. Par exemple, séparez les données B2B et B2C, ou les clients entreprises des clients particuliers.

Par exemple, si vous vendez à la fois aux particuliers et aux entreprises, ne mélangez pas ces données dans vos analyses. Le comportement d'achat, le cycle de vente et la valeur moyenne des commandes sont probablement très différents entre ces deux segments. En les analysant séparément, vous obtiendrez des insights plus précis et actionnables pour chaque segment.

Utilisez des « North Star Metrics »

La « North Star », c'est votre étoile polaire, c'est la métrique, parfaitement alignée avec votre objectif, qui va vous permettre de garder le cap et de prendre les bonnes décisions. La « North Star Metric » se démarque des autres indicateurs par sa fiabilité et mesurabilité dans le temps et par son auto-suffisance. Une seule étoile suffit pour se repérer !

Avis d'expert

David Remaud, CMO chez iBanFirst

Dans mon expérience chez iBanFirst, société en forte croissance, j'ai constaté que la multiplication des indicateurs à suivre peut rapidement devenir un défi. Malgré nos investissements continus dans la data, j'ai réalisé que la prolifération des métriques pouvait entraîner un désalignement des équipes.

Pour contrer ce problème, nous avons adopté une approche de simplification et de priorisation des indicateurs :

1. **création d'un tableau de bord :** notre CEO, se trouvant au carrefour de tous les reportings, a été le premier à souligner que certains indicateurs, comme le volume mensuel de traitement des leads, étaient devenus secondaires. Nous avons donc créé un tableau de bord spécifique, se concentrant sur les métriques à fort impact, comme le nombre de nouveaux clients. Ce dashboard permet une lecture claire et rapide de la santé de l'entreprise, non seulement pour le CEO, mais pour l'ensemble de l'organisation ;
2. **définition de « North Stars » :** nous avons instauré le principe d'un indicateur clé unique par département. Cette métrique, visible et compréhensible par tous, permet à chaque équipe de se concentrer sur son objectif principal tout en comprenant comment elle contribue à la performance globale de l'entreprise ;
3. **révision régulière des indicateurs :** au sein de mon équipe marketing, j'ai pris l'habitude de « nettoyer » régulièrement nos indicateurs. Par exemple, le nombre de nouveaux leads, qui était notre « North Star » il y a un an, est devenu un indicateur secondaire car il est maintenant très prévisible et directement lié à d'autres métriques plus pertinentes. Bien que ce processus de sélection soit parfois difficile, je suis convaincu que ne pas faire de choix serait plus dommageable à long terme.

Cette approche nous a permis de maintenir une vision claire et alignée des performances de l'entreprise, malgré sa croissance rapide. En se concentrant sur un nombre limité d'indicateurs vraiment significatifs, nous avons pu améliorer la prise de décision et l'efficacité opérationnelle.

Recrutez des spécialistes Ops

De nos expériences, l'une des meilleures façons de gérer des données imparfaites est de recruter des experts dédiés à l'optimisation des opérations. Qu'ils soient désignés par « Marketing Ops », « Sales Ops » ou « RevOps » (combinant opérations, process et data pour le marketing et les sales), cette mission est devenue essentielle en start-up et scale-up.

En effet, ces spécialistes Ops ne se contentent pas de gérer les données. Ils sont devenus de véritables partenaires stratégiques, capables d'interpréter les données imparfaites et d'en tirer des conclusions actionnables. Ils nous aident à prendre des décisions éclairées même lorsque nos données ne sont pas parfaites.

Avancer avec ou sans data

Bien que la data soit un outil puissant, il est important de ne pas perdre de vue l'importance de l'intuition et de l'expérience en marketing. La data devrait informer et enrichir votre créativité, non la remplacer.

L'approche « Demand Gen/Capture Demand » présentée par Chris Walker est un bon exemple de cette balance. Face aux limitations croissantes du tracking des utilisateurs (comme les restrictions sur les cookies tiers), il peut être judicieux de combiner une approche de génération de demande sans data (basée sur du contenu de qualité et bien positionné) avec une approche très ROIste de capture de leads à fort potentiel.

Voici quelques principes clés pour maximiser l'impact de la data dans votre stratégie marketing :

- commencez par la stratégie, pas par la data : définissez d'abord vos objectifs marketing, puis identifiez les données dont vous avez besoin pour les atteindre ;
- cultivez une culture data dans toute l'entreprise : encouragez toutes les équipes à baser leurs décisions sur des données, mais aussi à les remettre en question lorsque c'est nécessaire ;
- restez agile : le paysage marketing évolue rapidement. Soyez prêt à ajuster votre approche data en fonction des nouvelles technologies et réglementations ;
- n'oubliez pas l'humain : derrière chaque « datapoint » se cache un être humain. Utilisez la data pour mieux comprendre vos clients, pas pour les réduire à des chiffres ;
- testez et apprenez constamment : utilisez la data pour mettre en place une culture d'expérimentation continue. Testez de nouvelles approches, mesurez les résultats et itérez rapidement ;
- équilibrez quantitatif et qualitatif : complétez vos données quantitatives avec des insights qualitatifs issus d'entretiens clients, de focus groups ou d'observations sur le terrain.

Avec l'agilité et la vélocité, la data est l'un des points forts des entreprises tech. Elle est intégrée dès le départ dans la construction du produit, optimisant ainsi la personnalisation des offres, des parcours et de l'expérience consommateur. La clé du succès réside dans votre capacité à utiliser la data de manière intelligente et éthique, tout en restant fidèle à votre vision.

CHAPITRE 21

Adaptation aux nouvelles régulations technologiques

Melissa Sanchot, CMO chez HelloAsso

Si le sujet n'est pas le plus passionnant, il est pourtant essentiel dans notre activité de CMO. Toutes les actions marketing que nous menons sont autant de zones de porosité avec le monde extérieur, et donc potentiellement de zones à risque. Les rendre conformes aux régulations est non seulement un devoir, mais aussi une opportunité pour mieux considérer nos valeurs en tant que marketeurs.

Tour d'horizon de la conformité

En 2018, quand le RGPD est entré en vigueur, j'ai eu la (presque) chance d'être choisie comme DPO (Data Protection Officer). Deux ans plus tard, en tant que CMO d'une start-up américaine, j'ai mis en place le CCPA. Et aujourd'hui, je suis CMO chez HelloAsso, la plateforme de l'engagement associatif, une entreprise qui gère les données sensibles de plus de 10 millions de Français. HelloAsso est établissement de paiement, donc sujet à de nombreuses régulations, et met la sécurité au cœur de son discours marketing. Ces derniers temps, nous nous confrontons aux conséquences du DMA et travaillons à l'implémentation du AEA.

Donc la conformité et ses acronymes, je connais bien !

Est-ce contraignant ? Certainement.

Est-ce que cela ouvre de nouvelles opportunités ? Également.

Commençons par faire un tour d'horizon des régulations principales.

La réglementation la plus connue (et la plus redoutée) : le RGPD

Je me souviens de la préparation intense qu'a demandée la mise en place du RGPD (Règlement Général sur la Protection des Données) en 2018. Tous les CMO savaient que cela allait nous contraindre dans nos efforts marketing. Soyons honnêtes, avant le RGPD, c'était un peu le Far West. On récupérait sur des sites tiers des listes de données personnelles (nom, poste, e-mail, téléphone) pour contacter massivement des personnes avec lesquelles on n'avait jamais interagi auparavant. On demandait un maximum d'informations aux personnes s'abonnant à nos newsletters, informations dont on n'avait parfois aucune utilité. On n'avait quasiment pas de consentement aux cookies ou alors ils étaient très vagues. On pouvait même utiliser des audiences dites « partenaires » directement accessibles par l'API Facebook : des entreprises connectaient et vendaient leurs audiences pour que d'autres publicitaires puissent les utiliser, sans que les utilisateurs n'en aient connaissance.

Le RGPD a drastiquement changé la donne. Son rôle ? Renforcer et harmoniser la protection des données personnelles des individus. Il impose des obligations strictes aux entreprises qui collectent, traitent et stockent des données personnelles et accorde également aux citoyens le droit d'accès, de rectification, de suppression et d'opposition au traitement de leurs données.

Le règlement s'applique aussi aux sous-traitants manipulant des données personnelles pour d'autres organisations. Par exemple, quand je fais appel à une agence de performance marketing pour mes campagnes d'acquisition, je m'assure que celle-ci dispose de règles claires et conformes aux exigences du RGPD. C'est bien sûr valide en sens inverse : chez HelloAsso, nous traitons et collectons des données pour le compte des associations, donc nous devons respecter des obligations spécifiques pour garantir la sécurité et la confidentialité des données confiées.

Et si on ne respecte pas les règles ? On parle d'amendes pouvant atteindre jusqu'à 20 millions d'euros ou 4 % du chiffre d'affaires annuel mondial de l'entreprise !

Le RGPD version californienne : le CCPA

Entré en vigueur deux ans après le RGPD, le CCPA (California Consumer Privacy Act) vise à protéger la vie privée des résidents de Californie. Mais si le RGPD s'applique à toute entreprise, sans conditions de taille ou de chiffre d'affaires, le CCPA s'applique seulement aux entreprises qui remplissent certains critères. Les sanctions sont aussi moins fortes : il impose des amendes de 2 500 à 7 500 dollars par violation.

J'ai eu à mettre en place la conformité au CCPA en tant que CMO chez Placemeter, une entreprise américaine qui vendait aux retailers, ainsi qu'aux municipalités, des données précises sur la fréquentation et l'occupation de lieux en temps réel. Concrètement, on positionnait des caméras sur les devantures des magasins et on utilisait également les flux vidéo des caméras des villes. Le respect de la vie privée était au cœur de notre stratégie marketing. Nous avions en effet choisi dès le départ de créer un produit selon le principe du « privacy by design », ce qui signifie que la protection de la vie privée et la sécurité des données avaient été intégrées dès les premières étapes de sa conception. Nous étions ainsi capables de montrer que l'algorithme n'était pas en mesure d'identifier une personne en particulier, mais qu'il se basait sur des critères physiques anonymisés tel que la taille pour déterminer s'il s'agissait d'un adulte ou d'un enfant. Ce qui était ainsi une contrainte est devenu un vrai Unique Selling Point (USP), puisque nous étions un des premiers acteurs du secteur à collecter la donnée avec ce principe de « privacy by design ».

Le DMA, le Digital Marketing Act

Entré totalement en vigueur le 6 mars 2024, le DMA vise à limiter la domination économique des grandes plateformes dites « gatekeepers » (les GAFAM américains et le groupe chinois ByteDance-TikTok) en leur imposant de recueillir le consentement explicite des utilisateurs avant de croiser leurs données personnelles à des fins publicitaires.

Cela a eu deux conséquences notables :

- la création de l'abonnement Meta ;
- la sortie du nouveau Google Consent Mode V2.

Pour un certain nombre de start-up et scale-up, ces changements de suivi ont eu un effet direct sur les performances, notamment pour toutes celles qui utilisaient des solutions internes de consentement. En effet, si le site envoie des données issues des bannières de cookies à Google sans passer par le Consent Mode V2, Google est « à l'aveugle » sur un certain nombre de conversions. C'est actuellement notre cas chez HelloAsso : nous gérons des milliers de pages d'associations et la mise en conformité est plus lourde que sur un simple site vitrine. Ainsi, nos campagnes sont plus difficilement optimisables puisque la donnée qui remonte est pour le moment partielle. Et tant que Google verra que nos campagnes performent un peu moins, son algorithme continuera de moins nous favoriser sur les enchères. D'où l'importance d'une mise en conformité totale.

L'AEA : l'Acte Européen d'Accessibilité

Il s'agit d'une législation européenne visant à garantir que les produits et services numériques sont accessibles aux personnes handicapées. Chez HelloAsso, nous y accordons une grande importance. Si je choisis de mettre en avant cette régulation, c'est aussi parce que tous les pays de l'UE ont jusqu'au mois de juin 2025 pour intégrer les lignes directrices de la directive dans leur législation nationale. C'est une contrainte, mais n'est-ce pas surtout une bonne opportunité de nous questionner sur notre responsabilité en tant que CMO ? Même à supposer que cela nous fasse perdre un peu en performance, ne devons-nous pas nous féliciter de rendre nos communications plus inclusives ?

Mettre en place une stratégie de conformité étape par étape

1. **Nommez un Délégué à la Protection des Données** (DPO).
2. **Établissez un registre des activités de traitement :** chaque fois que nous établissons un nouveau traitement de la donnée, nous devons répertorier les informations suivantes (c'est souvent une fiche fournie par le DPO, mais on en trouve aussi des très bien en ligne) : qui, quoi, pourquoi, où, jusqu'à quand et

comment. Pensez que ces fiches doivent aussi être réalisées chaque fois que vous utilisez un nouvel outil (car même s'il s'agit de la même donnée, elle est traitée différemment).

3. **Sécurisez les données** en assurant le chiffrement de celles-ci ou en limitant l'accès aux données personnelles aux seuls employés qui en ont besoin pour leur travail.
4. **Réalisez des évaluations d'impact** sur la protection des données (DPIA).
5. **Basez toujours le traitement de la donnée** sur une des 3 bases légales principalement utilisées en marketing :
   - le consentement : accord explicite de la personne pour le traitement de ses données. Exemples : acceptation des cookies, case cochée pour recevoir des e-mails promotionnels. Nous sommes nombreux à utiliser des outils de gestion du consentement (CMP) pour faciliter ce processus, les plus connus étant Didomi, Axeptio ou encore OneTrust ;
   - le contrat : traitement nécessaire pour exécuter un contrat ou préparer un contrat à la demande de la personne. Exemple : collecte des données pour traiter une commande en ligne.
   - les intérêts légitimes : il nous faut alors démontrer qu'il existe un équilibre entre nos intérêts et ceux de la personne recevant nos communications marketing. Exemples : utilisation des données de navigation pour améliorer les services et personnaliser les recommandations, envoi d'e-mails transactionnels.
6. **Formez l'équipe :** pour moi, cela veut dire des formations régulières avec notre DPO, le suivi des procédures internes de validation des outils et prestataires, l'échantillonnage de supports ou de process de l'équipe pour vérifier la bonne gestion des données.

De la contrainte à l'opportunité : en profiter pour être plus compétitif

Quand on effectue une mise en conformité, ou plus généralement quand on s'interroge sur l'importance de ces réglementations dans notre positionnement marketing, on se rend compte que ces précautions peuvent devenir de vrais arguments de vente.

Voyons quelques exemples de marques qui ont réussi ce tour de force.

Apple : accroître la confiance des clients

Apple a fait de la protection de la vie privée un élément central de sa stratégie marketing, notamment avec la campagne « Privacy. That's iPhone. » Cette campagne met en avant les caractéristiques de confidentialité intégrées dans les produits Apple, comme la transparence du suivi des applications et le chiffrement des messages via iMessage et FaceTime. Apple a également introduit la fonctionnalité « App Tracking Transparency » dans iOS 14, qui exige que les applications obtiennent le consentement explicite des utilisateurs avant de suivre leur activité à travers d'autres applications et sites web. En mettant en avant ces pratiques, Apple a renforcé la confiance des consommateurs soucieux de la protection de leurs données personnelles. Cette stratégie a non seulement amélioré la fidélité des clients existants mais a certainement attiré de nouveaux clients qui privilégient la confidentialité.

Doctolib : renforcer sa réputation avec un bad buzz

En mai 2022, Doctolib a été confronté à des critiques concernant la gestion des données personnelles de ses utilisateurs. Cependant, l'entreprise avait déjà mis en place un site dédié à la protection des données, ce qui a permis de répondre rapidement aux accusations et de clarifier son engagement envers la conformité RGPD. Le site a fourni des informations détaillées sur les pratiques de gestion des données, les droits des utilisateurs et les mesures de sécurité mises en place. Cette transparence a aidé Doctolib à maintenir sa réputation et peut-être même à la renforcer.

Databricks : les certifications comme outil de différenciation

Databricks propose une plateforme unifiée pour le traitement, l'analyse et la gestion des données en cloud, intégrant des capacités avancées de machine learning et d'IA. Mais l'IA générative, qui crée du contenu original à partir de données existantes, peut involontairement reproduire ou utiliser des informations personnelles. En proposant des modèles qui sont audités dans le cadre d'obtention de certifications telles que ISO 27001 et SOC 2, Databricks se différencie des autres acteurs.

Salesforce : upsell et anti-churn

Si vous utilisez Salesforce, vous savez à quel point l'outil nous rend dépendant. À chaque nouvelle régulation, nous savons aussi que les équipes produit vont prévoir les changements nécessaires à la mise en conformité de nos données, et que nous allons de ce fait devenir encore plus fidèles à l'outil.

Salesforce a aussi profité de l'intégration de la conformité dans ses offres de services en cloud, avec la nécessité de passer à un plan tarifaire différent pour certaines d'entre elles. Ils ont donc réussi à faire d'une contrainte pour ses clients une opportunité d'upsell pour eux.

HelloAsso : la réglementation comme opportunité de développement

Chez HelloAsso, nous avons un enjeu d'accessibilité peut-être encore plus fort que d'autres scale-up. Avec plus de 10 millions d'utilisateurs sur la plateforme, nous interagissons régulièrement avec des citoyens présentant un handicap ou une limitation fonctionnelle. De plus, nous savons que cette demande de produits et services accessibles va fortement augmenter dans les prochaines années avec le vieillissement de la population de l'UE. Parce que l'inclusion est au cœur de notre mission, mais aussi parce que cela représente une part de marché non négligeable, nous avons proactivement décidé d'implémenter les recommandations de l'Acte Européen d'Accessibilité. Nous faisons donc de cette réglementation à venir une véritable opportunité de développement.

Dès que nous l'aurons implémenté, je vais non seulement l'intégrer dans notre discours marketing, mais aussi pouvoir mesurer le gain de visites et d'inscriptions sur notre site.

Le CMO de demain est un CMO qui navigue dans un paysage réglementaire complexe et en constante évolution, en s'assurant que toutes les activités marketing respectent les normes en vigueur. C'est aussi un CMO qui sait transformer ces contraintes en opportunités, en intégrant la conformité et la protection des données au cœur de la stratégie marketing et de la proposition de valeur de l'entreprise.

CHAPITRE 22

L'IA au service du marketing : concrètement, comment en tirer parti ?

Aurélie Fliedel, CMO chez Alan

Début 2023, l'intelligence artificielle générative commence à être sur toutes les lèvres. CMO chez Alan, je me penche sur la question. Notre co-fondateur et CTO, Charles Gorintin, se met à temps plein sur le sujet. Rapidement, toute l'équipe embrasse l'IA et développe des cas d'usage.

Ce qui m'a le plus surprise a été de voir des ambassadeurs de l'IA émerger dans toutes les équipes, et souvent des stagiaires, des jeunes talents curieux et débrouillards. En quelques mois, ce sont les plus juniors de l'équipe marketing qui m'ont formée à l'IA.

Qu'est-ce que l'intelligence artificielle ?

L'IA est une branche de l'informatique qui se concentre sur la création d'algorithmes capables de réaliser des tâches qui nécessitent normalement une intelligence humaine. Elle englobe des domaines tels que l'apprentissage automatique, le traitement du langage naturel et la reconnaissance des formes. Les avancées récentes autour de l'IA générative ont permis de donner la main au grand public et de démultiplier les applications dans de nombreux secteurs, notamment pour automatiser un certain nombres de tâches manuelles. Dans le monde du marketing, l'IA est devenue un atout indispensable, permettant d'améliorer la productivité et d'augmenter la créativité.

Chez Alan, nous avons intégré l'IA au cœur de notre activité et voyons son adoption comme une véritable nécessité. Plongeons dans trois cas d'usage.

L'IA productive

L'IA productive, c'est utiliser l'IA pour gagner en efficacité opérationnelle. C'est le gain le plus immédiat et le plus évident. L'IA réduit au minimum les tâches chronophages ou répétitives dans notre quotidien.

Nous évoluons dans un contexte de surcharge d'informations. Chez Alan, cette réalité est amplifiée par notre culture du « tout écrit » où chaque message, document ou page est soigneusement archivé. Cela crée une grande quantité de données réparties sur diverses plateformes telles que Slack, GitHub, Notion, Google Drive. Avec la croissance rapide de l'entreprise, le nombre de livrables et de sources d'information augmente rapidement.

Pour les marketeurs chez Alan, naviguer dans ces différentes sources d'informations et trouver des informations à jour était un défi.

En utilisant l'IA, avec des outils comme Dust, sur l'ensemble des données internes, nous gagnons en productivité et en efficacité.

Nous pouvons ainsi poser n'importe quelle question sur Slack : par exemple, « @dust peux-tu me résumer les 10 éléments différenciants d'Alan sur le marché du commerce de détail ? » On obtient une réponse faisant la synthèse des échanges Slack sur le sujet, des présentations clients et de la documentation Notion.

L'IA prédictive

L'IA prédictive, en s'appuyant sur l'analyse de données en masse, permet d'extraire des tendances sur nos clients, nos prospects et le marché sur lequel nous évoluons. Bientôt, elle nous permettra de personnaliser l'expérience client en temps réel, et d'adapter nos stratégies marketing et nos campagnes en fonction du profil consommateur.

Déjà aujourd'hui, de manière très concrète, chez Alan, nous avons mis en place une approche structurée pour que tous nos commerciaux prennent des notes en rendez-vous client. Ces notes sont essentielles pour comprendre comment notre positionnement et nos messages résonnent sur le marché, identifier les objections clés et capturer les retours sur nos produits.

Analyser manuellement l'ensemble de ces données qualitatives était extrêmement chronophage – voire infaisable.

Désormais, en utilisant ChatGPT et Claude :

- nous identifions des tendances communes : par exemple, les fonctionnalités du produit qui résonnent le mieux auprès des prospects dans un secteur donné, les éléments du discours qui marchent le mieux, les objections les plus fréquentes…
- nous extrayons les meilleurs témoignages pour illustrer ces tendances ;
- nous mesurons l'impact de nos contenus marketing ;
- nous avons réduit par 10 le temps nécessaire pour réaliser ces analyses.

L'IA créative

L'IA créative, c'est l'IA qui assiste l'humain pour créer des contenus et des illustrations, et qui permet d'augmenter notre pouvoir de storyteller.

En tant que marketeurs, nous produisons une grande quantité de contenu, qu'il s'agisse de publicités, de présentations clients, d'articles, d'images… La création de ces contenus est chronophage, surtout quand il s'agit d'allier quantité et qualité. C'est un processus long, que l'on travaille avec des freelances ou en interne, et qui nécessite de nombreuses itérations pour s'assurer que le contenu final est de qualité, conforme à l'image de marque.

Par ailleurs, notre créativité est souvent soumise à rude épreuve pour trouver de nouveaux concepts et de nouvelles idées innovantes.

Chez Alan, nous avons décuplé notre productivité et notre créativité en matière de contenu grâce à l'IA. Nous l'utilisons pour générer de nouvelles idées de contenu, créer une première ébauche, des images pour illustrer une présentation client ou une publicité entièrement automatiquement.

Par exemple, nous aimons beaucoup notre mascotte, Ali, la marmotte.

Alors nous voulons lui donner vie : lui faire vivre des aventures, lui faire porter fièrement les couleurs de nos clients…

Nous utilisons des modèles entraînés spécifiquement sur notre mascotte, pour créer des marmottes de tous types : au ski, à la mer, à la pharmacie, dans le futur…

La clé du succès est l'itération sur le prompt initial et sur la précision de la demande pour obtenir une jolie marmotte très mignonne, et non pas une sorte de monstre issu du jurassique (croyez-moi, j'en ai fait l'expérience !).

Avis d'expert

Aurélie Fliedel, CMO chez Alan

L'un de nos meilleurs cas d'usage est celui du SEO. Nous avons réduit les coûts de production des contenus SEO de 57 % en développant des prompts (la question que l'on pose à l'IA) spécifiques pour :

- créer un brief à partir de mots-clés ciblés ;
- écrire un article SEO correspondant au brief.

Pour autant, l'utilisation de l'IA ne remplace pas l'intégralité du travail humain (c'est pour cela que nous n'avons pas atteint et ne voulons pas atteindre un coût de production de 0 €). Il reste primordial d'avoir une passe humaine sur le contenu pour :

- éviter les « hallucinations » (informations erronées) ;
- éviter la duplication de contenu (si je publie un article sur « changer de mutuelle santé » uniquement créé avec de l'IA, mon concurrent peut aussi le faire, il est donc primordial d'y ajouter une touche personnelle) ;
- ajouter des exemples concrets, ce qui rendra l'article plus qualitatif et plus actionnable pour les lecteurs.

Quelques conseils pratiques pour aborder l'IA et en faire un véritable atout stratégique

L'IA est devenue un atout indispensable pour rester compétitif en tant qu'entreprise, en tant qu'équipe marketing et en tant que professionnel. Basée sur mon expérience chez Alan, la clé du succès est, selon moi, d'aborder l'IA de manière systématique et stratégique.

Être délibéré dans l'approche

Mettre l'IA au cœur de ses processus marketing requiert une mentalité d'explorateur et une bonne dose de résilience.

- Il faut être prêt à perdre du temps au départ. On crée un prompt, on obtient une réponse non satisfaisante, on retravaille le prompt. Cela peut prendre plusieurs jours pour arriver à un résultat convenable. Mais cet investissement initial s'avère dans la plupart des cas payant sur le long terme.
- Il faut aussi être prêt à renoncer à certains cas d'usage s'il s'avère impossible de créer un prompt efficace, ou si l'on s'aperçoit que l'état de l'art de l'IA n'est pas encore suffisant.
- La gestion du changement n'est pas à négliger. Comme toute transformation majeure, mettre l'IA au cœur de sa stratégie nécessite d'embarquer les équipes : éduquer, expliquer, travailler avec quelques ambassadeurs, relever les manches et se mettre soi-même à utiliser l'IA et à tester des cas d'usage pour montrer l'exemple.

Construire une feuille de route personnalisée

Chaque équipe marketing est différente. Pour cette raison, il est important de construire votre feuille de route en fonction de vos priorités et de vos objectifs.

Voici 4 étapes clés :

- identifier les cas d'usage clés précis qui ont du sens pour votre équipe marketing, selon vos priorités (brand, product marketing, demand generation…) ;
- tester et itérer : améliorer continuellement les résultats en itérant sur les prompts et en affinant les données d'entrée ;
- investir dans les bons outils (par exemple, des outils d'IA générative d'images, des outils d'IA sur les données internes…) et les intégrer au cœur de la stratégie de l'entreprise ;

- former les équipes pour que chacun s'empare des outils d'IA et les utilise au quotidien, et aide peu à peu à identifier de nouveaux cas d'usage.

Mesurer les limitations de l'IA

Maîtriser l'IA, c'est aussi en maîtriser les limitations et garder un regard critique pour éviter les écueils les plus fréquents :

- qualité et quantité des données d'entrée : la pertinence des réponses peut être affectée par la quantité, mais aussi par le manque de fraîcheur des données ;
- qualité des sorties : les hallucinations de l'IA et la mauvaise interprétation du contexte sont réelles. Plus vous donnerez du contexte à l'IA, plus vous passerez de temps à itérer sur les prompts, meilleurs seront les résultats ;
- confidentialité : il est nécessaire de rester vigilant et proactif pour déterminer quelles données on est prêt à donner à l'IA et quelles données sont à protéger ;
- ce je-ne-sais-quoi d'humain : que ce soit pour donner du relief à un article, des exemples concrets, un éclairage sur une tendance… La touche humaine reste primordiale pour tirer au mieux parti de l'IA.

L'intégration de l'IA dans le marketing est un bouleversement majeur, sûrement le plus important depuis le passage à l'ère internet.

En tant que CMO, il convient de voir l'IA, non pas seulement comme un outil, mais comme un partenaire stratégique dans notre quête d'innovation et d'excellence.

Et nous n'en sommes qu'au début. L'IA va bouleverser notre façon de penser, de rechercher de l'information, de consommer. Les marques vont devoir s'adapter et se réinventer pour renforcer les liens avec leurs communautés et leurs consommateurs, et leur faire vivre des expériences uniques qu'une IA ne saura pas créer.

CHAPITRE 23

Préparation et réaction aux crises

Isabelle Lejeune, CMO chez Joko

Guillaume Laguette, CRO chez echOpen

Le 26 juillet 2024, Thomas Jolly, metteur en scène des cérémonies des JO de Paris 2024, réalise sur la Seine la plus grande cérémonie d'ouverture olympique jamais réalisée. Un événement d'une telle envergure fait face à d'innombrables défis (sécurité, météo, logistique) et ne peut réussir qu'avec une préparation minutieuse et une anticipation rigoureuse des crises potentielles.

Ce même besoin d'anticipation et de gestion proactive s'applique aux entreprises. En cybersécurité, on entend souvent : « La question n'est pas de savoir si une attaque surviendra, mais quand et combien de données seront compromises. »

Un événement imprévu se transforme souvent en crise si votre préparation ou votre arbre de décisions vous font défaut.

Qu'est-ce que la gestion de crise ?

Vous pouvez qualifier de crise tout événement inattendu et potentiellement dommageable qui menace les opérations, la réputation ou la viabilité d'une entreprise, nécessitant une réponse rapide et efficace pour en limiter les impacts négatifs.

La gestion de crise est donc cruciale pour toute entreprise, des géants technologiques aux start-up.

Les start-up, malgré leur dynamisme, sont vulnérables aux crises qui peuvent être dévastatrices sans gestion appropriée. Elles peuvent devenir cibles d'entreprises établies ou victimes de leur succès. Dans les exemples récents, nous avons observé des menaces contre le CEO, des départs soudains d'employés clés, des controverses sur les réseaux sociaux, etc. Ces situations exigent collaboration, sang-froid et résilience. La préparation est essentielle puisque par définition vous ne savez jamais quand une crise va arriver.

Chaque crise est unique, mais vous pouvez analyser votre situation sur deux axes : le niveau d'exposition et le risque. La gestion de votre crise va dépendre de deux facteurs : à quel moment communiquer et quelle position prendre. Tout en sachant que votre situation peut vite déraper d'interne à externe ou d'entreprise irréprochable à fautive en fonction des évolutions. Votre gestion de crise doit avant tout être évolutive.

ORIGINES DE CRISES D'ENTREPRISE

EXPOSITION		
	Crise externe Entreprise non responsable	Crise externe Entreprise responsable
	Crise interne Entreprise non responsable	Crise interne Entreprise responsable

RISQUE

Pour gérer efficacement les crises, certains outils sont essentiels :

- **analyse SWOT :** identifie les forces, faiblesses, opportunités et menaces. Exemple : une start-up peut identifier sa dépendance à un fournisseur unique et diversifier ses sources ;
- **analyse PESTEL :** examine les facteurs politiques, économiques, sociaux, technologiques, environnementaux et légaux. Exemple : anticiper un changement de réglementation sur la protection des données ;
- **scénarios de simulation :** préparent l'équipe à diverses crises (cyberattaque, interruption de service) en testant les protocoles de réponse ;
- **ateliers de gestion de crise :** incluent des discussions et jeux de rôle pour clarifier les responsabilités et renforcer la résilience de l'équipe.

> Vous pouvez programmer ces ateliers annuellement, en intégrant les dernières analyses SWOT et PESTEL.

Mise en place d'un plan de crise

Un plan de crise bien structuré est crucial pour gérer efficacement les crises lorsqu'elles surviennent. Ce plan doit être clair, détaillé et régulièrement mis à jour pour rester pertinent face aux évolutions du marché et aux nouvelles menaces.

Un plan de crise doit inclure la définition précise des rôles et responsabilités de chaque membre de l'équipe, ainsi que des plans de communication pour informer les parties prenantes internes et externes, y compris les employés, les clients, les partenaires et les médias. Voici les éléments essentiels à considérer :

- **évaluation rapide de la situation :** il est primordial de déterminer l'ampleur et l'impact de la crise dès que possible pour permettre une réponse rapide et adaptée ;
- **agilité décisionnelle :** une communication fluide avec le groupe décisionnaire est indispensable. Utiliser des canaux comme Slack ou WhatsApp peut être pertinent pour gérer les crises en dehors des heures de bureau, garantissant une réponse immédiate et coordonnée ;
- **activation du plan de crise :** une fois l'ampleur de la crise évaluée, les procédures prévues dans le plan de crise doivent être mises en œuvre immédiatement. La rapidité de cette activation peut faire la différence entre une crise bien gérée et une catastrophe ;
- **communication transparente :** fournir des informations claires et précises aux parties prenantes est essentiel pour maintenir la confiance et gérer la perception publique. Cette communication doit être continue tout au long de la crise pour éviter les rumeurs et les malentendus.

Exemples concrets

Nous vous proposons d'illustrer des types de crise, leurs analyses, leur gestion et leurs évolutions.

Cyberattaque provoquant une couverture presse négative

- **Description :** des données sensibles d'une grande start-up française connaissent une fuite via un de leurs partenaires technologiques avec lesquels ils sont connectés. L'information est publiée. Le nom de la start-up étant plus « vendeur » que le nom du partenaire, la presse fait un amalgame entre la fuite au sein des serveurs même de la start-up et la fuite de son partenaire sur un jeu de données très limité.
- **Typologie :** forte exposition, risque modéré (crise externe mais entreprise non fautive).
- **Équipes responsables :** communication, relations publiques.
- **Gestion de crise :** prendre les devants avec une publication rapide de la connaissance du problème, une action immédiate pour stopper cette fuite et un travail de plus long terme pour renforcer les exigences liées aux partenaires technologiques.

Départ soudain de membres clés de l'équipe

- **Description :** le CTO d'une start-up du Next40 quitte l'entreprise et les employés apprennent la nouvelle dans la presse. Son plan de départ était connu du Comex mais pas des employés. Cette situation peut déraper en crise de confiance de la part des employés avec un risque sur le déroulement des opérations et potentiellement l'élargissement de la crise auprès d'autres acteurs, comme les investisseurs ou les clients.
- **Typologie :** faible exposition, risque modéré (crise interne, entreprise non fautive).
- **Équipes responsables :** RH, CEO (ou co-fondateur).
- **Gestion de crise :** dans cette situation, il faut rassurer et mesurer. Le rôle du CEO est de projeter les employés dans la nouvelle organisation. En fonction des talents d'orateur du CEO, le risque peut venir de sa capacité à bien maîtriser les éléments de langage fournis par les RH. Par ailleurs, il faut mesurer fréquemment l'impact sur les équipes avec une approche de terrain (multiplication des échanges informels, enquête de bien-être).

Changement soudain de régulation

- **Description :** une start-up vend un algorithme d'anticipation de tendance fast fashion aux acteurs de l'industrie. Le nouveau règlement RGPD rend son produit inopérable. Sa mise en conformité dégraderait massivement la compétitivité du produit mais l'entreprise ne peut pas le maintenir en l'état. C'est une crise vitale et à double tranchant puisqu'elle implique autant la partie technique que business pour l'entreprise.
- **Typologie :** faible exposition, risque élevé (crise interne, entreprise non fautive).
- **Équipes en lead :** Comex, board.
- **Gestion de crise :** l'entreprise suspend temporairement le produit pour ne pas être en non-conformité. Une communication transparente est adressée aux clients et aux équipes pour maintenir la confiance. Un délai de 3 mois est donné pour repositionner le produit et revenir à la conformité sur un périmètre plus restreint incluant un nouveau business plan. Un workshop annuel intégrant des analyses SWOT et PESTEL est organisé pour prévenir un renouvellement de crise.

Panne mondiale d'un GAFAM affectant des milliers d'entreprises

- **Description :** en juillet 2024, une panne informatique mondiale de Microsoft a entraîné des perturbations majeures, incluant l'annulation de vols dans plusieurs aéroports et des dysfonctionnements dans certaines banques.
- **Typologie :** exposition élevée, risque élevé (crise externe, entreprise fautive).

- **Équipes en lead :** technique, communication.
- **Gestion de crise :** Microsoft a très largement communiqué sur la panne et ses causes en donnant des échéances précises sur la résolution du bug. La mobilisation des équipes techniques est essentielle, mais ce qui a permis à la crise de ne pas déraper a été la transparence de la communication.

Crises sur la marque employeur via un réseau social

- **Description :** le groupe Balance ta start-up a fait beaucoup de bruit ces dernières années pour mettre en lumière des témoignages d'abus dans la vie en start-up. Les faits ne pouvant pas être certifiés, il s'agit d'une crise d'opinion qui est parmi les plus dures à gérer.
- **Typologie :** exposition élevée, risque modéré à élevé (crise externe, mais responsabilité de l'entreprise à déterminer).
- **Équipes en lead :** communication, RH, CEO si escalade.
- **Gestion de crise :** plusieurs scénarios de réponses ont été observés suite aux révélations :
  - la reconnaissance du témoignage, une enquête et l'engagement de l'entreprise à ne pas les reproduire (souvent utilisé dans les grands groupes);
  - mise en avant de la présomption d'innocence si les faits sont invérifiables par l'entreprise (risque de retournement si les faits sont avérés);
  - silence avec risque d'escalade et de laisser le débat d'opinion se faire sans l'avis de l'entreprise;
  - attaque en justice (diffamation) si les faits sont factuellement faux. Très risqué si l'enquête amène des conclusions différentes.

Avis d'expert

Un membre de TechMarketingLeaders

Contexte : la start-up X commercialise sa solution en B2B auprès d'entreprises privées et d'organismes publics. Un grand projet est monté entre un GAFAM, la start-up et une entité publique dirigée par une personnalité politique d'envergure nationale.

Déclenchement de la crise : un quotidien local relate l'attribution d'un marché à la start-up en faisant un amalgame entre la start-up et le GAFAM pour accuser la personnalité politique de ne pas respecter sa parole sur la préférence française. En quelques jours, l'article est repris par de nombreux médias pour finir dans *Le Canard enchaîné*. Ces publications interviennent juste avant une conférence de presse d'ampleur sur l'annonce du partenariat entre les trois entités.

Les étapes pour gérer la crise :

1. identifier les personnes en gestion de crise dans chaque entité impliquée;

2. réunion de crise et évaluation du risque. Dans ce cas précis, il n'y a aucun risque légal (les entités impliquées n'ont rien à se reprocher). Il s'agit d'un risque sur l'image qui est d'importance cruciale pour une personne politique;
3. définition et diffusion des éléments de langage auprès de toutes les personnes impliquées et consignes claires auprès des employés en cas de contact d'un journaliste;
4. décision sur le plan d'action. La couverture presse étant arrivée à son plateau, aucune communication n'est faite pour éviter de relancer le sujet et lui donner plus d'ampleur avant la conférence de presse.

Dénouement : en conférence de presse, des journalistes prennent la parole. Les éléments de langage étant maîtrisés, aucune aspérité ne permet de relancer la polémique. À la fin de la conférence, le CMO de la start-up est assailli par une dizaine de journalistes pour obtenir des informations. Les réponses mettent un point final à cette crise en rappelant factuellement les textes de lois régissant l'appel d'offres, en clarifiant les implications de chaque acteur (le marché n'est pas attribué à un GAFAM) et en mettant l'accent sur l'impact positif du projet.

Amélioration continue et conseils pratiques

Après une crise, il est crucial d'en tirer des leçons pour améliorer les plans futurs.

Analyse post-crise et mise à jour

L'analyse post-crise évalue les actions entreprises pour identifier leurs points forts et axes d'amélioration. Voici les étapes clés :

- **évaluation des actions :** analyser objectivement les décisions et actions, incluant les perspectives de toutes les parties prenantes;
- **documentation des leçons :** créer un rapport détaillé des meilleures pratiques et améliorations nécessaires, à partager avec l'équipe;
- **mise à jour des plans :** ajuster les protocoles, réallouer les ressources et intégrer les nouvelles leçons dans les formations;
- **simulations et formation :** organiser des simulations réalistes et des formations continues reflétant l'évolution de l'environnement et les nouvelles menaces.

Conseils pratiques pour faire de la gestion de crise un atout stratégique

Voici 4 conseils utiles.

Approche proactive

- Intégrer la gestion de crise dans les processus quotidiens de l'entreprise.
- Investir du temps dans la création de plans de crise détaillés.
- Organiser régulièrement des scénarios de simulation pour tester la préparation.
- Anticiper permet une réaction plus efficace lorsqu'une crise survient.

Priorisation et pragmatisme

- Accepter qu'il soit impossible de tout prévoir ou de résoudre tous les problèmes immédiatement.
- Prioriser les actions en fonction de leur impact et de leur urgence.
- Impliquer les équipes dans l'élaboration des plans de crise pour une meilleure adhésion.
- S'assurer que chaque membre de l'équipe comprenne clairement son rôle en cas de crise.

Anticiper les limitations

- Reconnaître que les plans de crise ont des limites, notamment dues à la qualité des données disponibles.
- Tester régulièrement les plans pour identifier les faiblesses.
- Ajuster les plans en fonction des évolutions de l'entreprise et de son environnement.
- Trouver un équilibre entre la protection des informations sensibles et une communication efficace.

Approche humaine

- Privilégier une communication empathique et transparente pendant et après la crise.
- Renforcer la confiance et la collaboration entre toutes les parties prenantes.
- Prendre en compte l'impact émotionnel de la crise sur les équipes et les clients.
- Ne pas se concentrer uniquement sur l'aspect opérationnel, mais aussi sur le bien-être des personnes impliquées.

À l'instar de Doctolib, lorsque des préoccupations sur la sécurité des données de santé avaient émergé, les start-up et scale-up se démarquent souvent par une prise de parole directe et transparente. Doctolib avait alors communiqué sur la sécurité des données personnelles et détaillé les protocoles de chiffrement des informations patients. C'est votre rôle en tant que CMO de mener cette communication, de construire les éléments de langages, de rassurer les utilisateurs et les clients et de montrer votre engagement.

PARTIE VI

RÔLE DU MARKETING DANS UN MONDE POST-CROISSANCE

CHAPITRE 24

Nous sommes dans l'ère du marketing responsable

Aude Romelly, Part-Time CMO et Executive Coach

Carole Zibi, VP Marketing chez Plan A

La responsabilité sociale et environnementale (RSE) est une stratégie d'engagement à l'échelle corporate, regroupant tous les engagements d'une entreprise face aux enjeux du développement durable. Pour être véritablement efficace, la stratégie RSE doit être alignée avec la stratégie globale de l'entreprise. Sinon, elle risque de devenir une priorité secondaire, à peine explorée, dont l'impact sur le business sera limité, voire contre-productif. Une RSE mal alignée ne convaincra ni en interne, ni auprès des clients, et peut même engendrer de la défiance.

Lorsque les engagements RSE sont transposés au niveau des actions et messages portés par la marque, on parle de responsabilité sociétale de la marque (RSM), pilier central de la croissance durable.

La RSE n'est pas seulement un atout éthique; c'est un levier stratégique qui peut stimuler l'innovation, renforcer la différenciation et accroître l'engagement des candidats, collaborateurs, clients, investisseurs et fournisseurs. Porter les engagements de l'entreprise par la marque amplifie l'impact des actions durables, augmentant la valeur de la marque et consolidant sa position de leader en matière de responsabilité.

Cependant, le couple responsabilité-marketing est complexe. Le marketing, traditionnellement conçu pour vendre plus et mieux, semble opposé à la RSE, qui encadre les modèles de croissance pour favoriser une société plus durable. Le premier priorise le temps court et explore le potentiel de son organisation; le second pose l'impact de nos actions sur le long terme et rappelle en permanence que cette même organisation fait partie d'un écosystème et qu'elle a un impact sur la société et le vivant.

Ces tensions sont réelles, mais elles peuvent être surmontées en questionnant en amont de toute démarche impliquant la RSE la question de la raison d'être de son entreprise.

Green is the new cool

Entre statuts B Corp ou entreprise à mission, certaines entreprises s'engagent dans la voie de donner un rôle à leur action de manière visible, authentique et auditée : c'est le cas de Kering, récemment dotée du label entreprise à mission, qui a publié son « impact report » en dévoilant des résultats encourageants vis-à-vis de leur neutralité carbone et devient par là même un référent dans la mode.

Mais de tels exemples restent rares. En France, seulement 2 % des marques sont certifiées B Corp. Bien que de plus en plus d'entreprises s'y intéressent, et notamment les start-up et scale-up, en raison de la demande croissante des candidats pour des engagements forts et des consommateurs pour des pratiques commerciales plus durables et responsables, le process de certification est complexe. Quant au nouveau statut d'entreprise à mission, il ne concerne que 1 % des entreprises en France.

Il est fort à parier que ces labels vont aller en grandissant, et derrière ce microscopique noyau de 2 % de B Corp se cache l'attente des consommateurs et de la société d'aujourd'hui.

L'étude annuelle mondiale « Meaningful Brands » de Havas, qui couvre 2000 marques mondiales, évalue les labels sur trois dimensions :

- fonctionnelle : la performance des produits/services offerts par la marque ;
- personnelle : comment la marque améliore la vie des consommateurs (bien-être individuel, émotionnel, etc.) ;
- collective : l'impact de la marque sur la société, l'environnement et la communauté au sens large.

Ce dernier critère joue un rôle de plus en plus crucial. En 2021, l'étude a montré que 73 % des consommateurs mondiaux estiment que les marques doivent agir pour le bien de la société et de la planète. Cela souligne l'importance croissante du rôle des marques et des entreprises dans la résolution des problèmes globaux tels que le changement climatique, les inégalités sociales et les droits de l'homme.

Aussi, les marques qui excellent sur le critère « collectif » sont souvent perçues de manière plus positive et sont capables de construire une fidélité plus forte. Havas a d'ailleurs observé que les marques considérées comme significatives surpassent le marché de 134 % en termes de performances boursières.

Par exemple, Procter & Gamble a troqué certaines campagnes sur les bénéfices « fonctionnels » de leurs produits pour des campagnes qui soulèvent de vrais problèmes de société. La brillante campagne d'Always « Like a girl » de 2014 a ainsi eu un impact positif significatif sur la perception des genres et l'autonomisation des filles.

Un autre exemple est Vestiaire Collective, une B Corp qui signe des campagnes très visuelles – des montagnes de vêtements qui dépassent l'Empire State Building – sur le gaspillage vestimentaire pour porter un mouvement de circularité à l'échelle mondiale.

La responsabilité des marques, durables à long terme, capables de répondre aux défis du XXIe siècle tout en assurant une croissance économique saine, devient ainsi non seulement un impératif moral, mais aussi un levier économique pour les entreprises.

Attention néanmoins au greenwashing, ou quand une marque prétend être plus écologique et responsable qu'elle ne l'est réellement. Des défauts de transparence ou des communications floues ou sans engagement seront impardonnables.
Il est indispensable de mesurer l'impact de l'action de l'entreprise et d'évaluer sa performance en matière de durabilité, mais aussi de démontrer un engagement authentique envers des pratiques responsables aux consommateurs, aux investisseurs et à la société dans son ensemble.

Comment construire une stratégie marketing durable ?

Aujourd'hui, vouloir soutenir des initiatives qui améliorent notre monde est un « no-brainer ». La difficulté réside dans l'exécution. En effet, une stratégie marketing durable impacte le modèle économique, la performance financière et la rapidité d'action de l'entreprise, influençant ainsi son avantage concurrentiel et sa performance.

La transition des entreprises, portée par les marques, dépend de leur capacité à repenser leur activité en intégrant systématiquement les limites planétaires dans leur stratégie. Ce triptyque décisionnel, People/Profit/Planet, peut s'avérer très exigeant mais essentiel pour guider nos actions vers davantage de durabilité.

Pour ceux qui lancent leur aventure, nous recommandons de commencer par le cadre simple mais efficace des 4P du marketing responsable. Ce framework vous aide à évaluer et ajuster vos pratiques actuelles pour réduire les impacts négatifs tout en maximisant les impacts positifs.

Produit : repensez l'offre

Lorsqu'il s'agit de durabilité, vos produits et services sont le point de départ. Deux approches existent :

- **amélioration des produits existants :** analysez le cycle de vie de vos offres, évaluez leurs impacts environnementaux et sociaux, puis développez des stratégies pour les améliorer ;
- **conception de nouveaux produits :** intégrez dès la conception des critères qui réduisent les impacts négatifs et maximisent les impacts positifs.

Il y a 4 étapes pour améliorer l'impact de vos offres :

- **cartographiez vos parties prenantes :** identifiez tous les acteurs de votre chaîne de valeur et comprenez leurs impacts. Aude Romelly, Part-Time CMO, donne l'exemple suivant : « Lorsque je travaillais en FMCG, nous avions identifié sur une de mes marques que nous ne pouvions pas avoir un sourcing 100 % français car la production des ingrédients n'existait plus au niveau local. Nous avons donc travaillé avec les coopératives françaises à la recréation de cette filière agricole » ;
- **analysez le cycle de vie** (ACV) : utilisez cette méthode pour évaluer et quantifier les impacts environnementaux et sociaux de votre produit tout au long de son cycle de vie. Ne pensez pas qu'au moment de la création ou de l'utilisation du produit, mais aussi à sa fin de vie. Back Market reste le meilleur exemple d'une opportunité business née d'un produit qui aurait pu finir à la poubelle ;

- **priorisez les domaines clés** pour réduire l'impact de votre offre et définissez des actions concrètes;
- **mettez en place des indicateurs** pour mesurer l'efficacité de vos actions.

Prix : transparence et équité

Le prix est un sujet délicat car il est directement lié à la rentabilité de votre modèle économique. Voici deux recommandations :

- **soyez transparent :** expliquez comment vos prix sont construits et pourquoi. Cela renforcera la confiance de vos clients. Un super exemple est celui des plateformes Omie ou de La fourche sur la transparence dans la construction de leurs prix;
- **mettez en place des politiques** qui assurent une distribution juste de la valeur créée.

Promotion : authenticité et responsabilité

Il s'agit ici de l'ensemble des moyens de communication que vous pourrez mettre en place pour faire connaître votre marque. La réflexion se fait en deux temps :

- **sur le fond :** vous êtes responsable des messages que vous diffusez. Assurez-vous qu'ils soient vrais et vérifiables. Enjoliver la réalité est perçu comme de la tromperie. Pour une communication durable et réussie, mêlez :
  - la réalité ou des informations concrètes;
  - de l'émotion pour ne pas sombrer dans un discours technocrate;
  - votre propre singularité pour vous différencier;
- **sur la forme :** envisagez l'éco-conception de vos campagnes promotionnelles, qu'elles soient en point de vente ou dans les médias.

Avis d'expert

Vincent Villaret, CEO et co-fondateur d'IMPACT+

Dans le secteur du numérique, la pollution n'est plus un secret. Ce qui reste moins connu, en revanche, ce sont les ordres de grandeur de cette pollution : ce secteur représente 4 % des émissions mondiales[8]. La publicité numérique contribue à générer ces émissions qui ne cessent de croître à mesure que les investissements publicitaires augmentent chaque année et que les formats publicitaires deviennent de plus en plus énergivores.

8. Bordage F., « Empreinte environnementale du numérique mondial », Green IT, 2019.

Notre mission est simple : aider les acteurs de la publicité numérique à réduire l'empreinte carbone de leurs campagnes, sans sacrifier leurs objectifs business. On accompagne des marques comme L'Oréal, Heineken ou Engie pour les aider à rendre leur stratégie média plus responsable. Côté éditeurs, régies et ad tech, ils intègrent facilement la composante environnementale au sein de leurs outils de diffusion via les données mesurées par notre ESP (« Environmental Sustainability Platform »). Pour nous, l'avenir de la pub passe par un marketing plus vert, où chaque campagne numérique est pensée avec une double exigence : son impact environnemental et sa performance économique.

En 2024, nous avons permis à nos clients de réduire jusqu'à 50 % de leurs émissions de gaz à effet de serre générées par leurs campagnes publicitaires, en appliquant l'ensemble des leviers de réduction.

Place : l'éco-conception

L'éco-conception de votre plateforme digitale est essentielle. Travaillez main dans la main avec vos équipes produit et tech pour garantir que votre site web respecte les principes de durabilité et qu'ils minimisent leur impact sur l'environnement. Cela pourrait signifier renoncer à certaines fonctionnalités, mais c'est la congruence de vos actions et de vos messages qui donneront encore plus de puissance à votre stratégie.

Aude Romelly, Part-Time CMO, donne l'exemple suivant : « Chez MiiMOSA, plateforme de financement participatif au service de la transition agricole, nous souhaitions mettre en avant sur la plateforme les vidéos de nos porteurs de projets, une visibilité clé pour encourager la conversion sur notre site mais qui dégradait notre mesure d'impact. Nous avons fait le choix de garder des photos statiques, mais de les rendre les plus parlantes possibles pour nos clients via une DA singulière. »

Garder le cap : piloter la performance durable de la marque

L'épineux sujet du pilotage de l'impact ne doit surtout pas passer à la trappe. Mesurer l'impact des marques responsables nécessite une approche multidimensionnelle qui prend en compte les aspects financiers, environnementaux, sociaux et de perception.

Mesure et gouvernance sont à déterminer en amont d'une stratégie durable et un suivi rigoureux des métriques d'impact doit avoir lieu pour montrer aux parties prenantes les effets des engagements pris.

Par exemple, Back Market publie chaque année un rapport d'impact reliant ses actions aux Objectifs de Développement Durable (ODD) de l'ONU, notamment en matière de consommation et de production responsables (ODD 12), et détaillant ses actions et ses résultats en matière de durabilité et de responsabilité sociale. En 2024, Back Market a estimé que les produits reconditionnés vendus via leur plateforme avaient permis d'économiser 1,3 million de tonnes d'émission de CO2 depuis 2014 grâce à la vente d'appareils reconditionnés.

Un tel rapport d'impact, peut, in fine, non seulement créer de la valeur économique, mais aussi avoir un impact environnemental et social positif.

Avis d'expert

Arnaud Delubac, co-fondateur et CMO chez Greenly

Aujourd'hui, l'action climatique est un enjeu central du business. Mettre en place une stratégie climat renforce la crédibilité d'une entreprise auprès de toutes ses parties prenantes : investisseurs, consommateurs et régulateurs attendent des résultats concrets, mesurés et partagés. Un rapport d'impact relie les engagements aux résultats tangibles, raconte une histoire honnête et montre que l'entreprise agit réellement. Il est essentiel de se rappeler que les engagements à long terme, aussi ambitieux soient-ils, perdent de leur crédibilité s'ils ne sont pas accompagnés d'objectifs clairs et atteignables à court terme. Comme l'a récemment démontré le rapport de l'ONG Carbon Market Watch[9], parmi 24 grandes entreprises évaluées, 23 ont été critiquées pour avoir annoncé des objectifs de neutralité carbone pour 2050 sans avoir de trajectoire claire pour 2030.

C'est ici qu'intervient la notion de gouvernance des performances durables. Il ne suffit pas de déclarer un objectif ambitieux; encore faut-il instaurer des processus de suivi clairs et des indicateurs mesurables. Ces indicateurs doivent être alignés avec les objectifs financiers de l'entreprise, mais aussi avec les Objectifs de Développement Durable. Celles qui refusent d'agir ou qui se contentent de communiquer sans réel changement à venir seront rapidement dépassées, voire écartées. La transparence instaure la crédibilité, mais c'est le passage de l'intention à l'action, concrétisé par un plan structuré et un pilotage rigoureux, qui assurera véritablement la pérennité des entreprises.

9. « Corporate Climate Responsibility Monitor 2022 », New Climate Institute, Carbon Market Watch, 2022.

En conclusion, même si la transition vers un monde plus durable et responsable est définitivement souhaitable et nécessaire, elle n'est pas évidente. Elle demande d'avoir une posture de leader pour rallier derrière des idées et des projets complexes parfois peu populaires, d'être au fait des différentes évolutions en matière de durabilité, parfois techniques, parfois réglementaires, ou les deux comme la CSRD (Corporate Sustainability Reporting Directive).

Bien s'entourer en tant que CMO dans ce contexte est clé, tout comme se former et échanger au sein de réseaux comme le C3D (Collège des Directeurs du Développement Durable) ou d'organismes tels que l'Institut des futurs souhaitables, ou intégrer des incubateurs à impact tels que la Climate House.

Il n'y a pas de meilleur moment pour occuper des fonctions marketing. Au-delà de la gigantesque opportunité que représente l'IA dans nos métiers, la transformation que nécessite la « sustainability » est de même ampleur que la transformation digitale il y a 20 ans. À vous de jouer et de faire en sorte que le marketing se conjugue avec croissance responsable et de faire de vos marques des agents de changements sociaux et environnementaux. Et de donner encore plus de sens à nos métiers.

CONCLUSION

Thomas Husson, VP Principal Analyst chez Forrester

Geoffrey Vion, VP Marketing chez Contentsquare

Structurer une équipe, gérer les crises, aligner la stratégie avec les dirigeants, voir émerger le Growth Marketing ou l'IA… Vous l'avez constaté dans ce livre : être CMO dans une start-up est loin d'être de tout repos ! Le marketing dans la tech évolue sans cesse et chaque phase de croissance, de la start-up à la scale-up, exige de réinventer les stratégies, méthodes et parfois même les équipes.

Ce qui fait la différence, ce n'est pas la maîtrise de chaque technique ou outil, mais plutôt l'aptitude à naviguer dans l'incertitude, à apprendre en permanence et, surtout, à partager. Vous vivrez des « premières fois » mémorables : première présentation devant le board, première expansion internationale, première gestion de crise… Ces moments forment le socle d'une résilience indispensable pour le rôle de CMO.

Les leaders marketing tech ayant contribué à ce livre en ont fait l'expérience. Ils vous le diront : le succès ne se construit jamais seul. Savoir bien s'entourer et s'appuyer sur une communauté est essentiel pour relever les défis du métier.

Nous espérons que ce livre vous a apporté des outils concrets et de nouvelles perspectives pour votre propre parcours. Soyez audacieux, gardez l'esprit ouvert, et surtout, ne négligez jamais l'importance des échanges et de l'entourage ! Bientôt, ce sera votre tour de partager et transmettre vos apprentissages, car c'est dans ce partage que naissent les plus grandes réussites de demain.

Quant à l'avenir, il est fascinant de se questionner sur l'évolution du rôle de CMO. Le métier que j'exerce aujourd'hui n'existait pas lorsque j'étais à l'université, et il est fort probable que celui que j'occuperai dans 10 ou 20 ans n'existe pas encore. Il en est de même pour vous… Pour avoir un aperçu du futur, j'ai justement échangé avec Thomas Husson, Vice-Président et analyste au sein des équipes CMO et expérience client chez Forrester, qui accompagne start-up et grandes marques en les aidant à anticiper l'impact des tendances et innovations technologiques.

Geoffrey : Comment les pratiques de marketing adoptées dans la tech influencent-elles le reste des entreprises, notamment les grandes marques ? Pensez-vous que certaines méthodes ou approches vont s'imposer dans tous les secteurs ?

Thomas : La spécificité marketing des start-up et des acteurs tech, c'est précisément leur capacité à combiner innovation, croissance, itération produit et agilité. En partant d'une feuille blanche, ils racontent une nouvelle histoire de marque, pivotent rapidement leur modèle économique pour prendre de vitesse des acteurs établis. Le focus sur le produit (« *your product is your brand* » selon Taj Alani, le CMO de Spotify), le déploiement de techniques venues des États-Unis comme le Growth Hacking, les marketing operations, l'attribution (Marketing Qualified Leads) et la maîtrise des technologies émergentes comme l'IA générative sont autant d'approches innovantes qui devraient se généraliser. Toutes ne sont pourtant pas adaptées ou transposables pour les grandes marques.

Geoffrey : Y a-t-il des tendances et innovations qui redéfinissent le marketing et qu'il faudrait intégrer dès aujourd'hui ?

Thomas : Depuis une trentaine d'années que j'étudie, pratique, analyse le marketing ou accompagne les CMO, je constate que les fondamentaux du marketing ne changent paradoxalement pas tant que ça : comprendre son client, définir une stratégie de marque et délivrer sa promesse à travers une expérience client différenciante.

Ce qui donne l'illusion du changement, c'est la rapidité des évolutions politiques, économiques, sociétales et technologiques. En quelques années, le monde a basculé dans une logique de risques systémiques et dans une accélération sans précédent de l'innovation technologique.

Il est évident que la data et l'IA représentent une rupture majeure – au moins aussi importante que les révolutions Internet et mobile –, mais l'enjeu reste de les utiliser pour mieux comprendre ses clients et différencier sa marque. La difficulté pour les acteurs tech qui grandissent vite est de pérenniser leur marque et, en passant à l'échelle, de maîtriser les techniques comme l'Account-Based Marketing et surtout l'expérience client pour en faire une vraie discipline d'entreprise.

Geoffrey : Il y a une nouvelle tendance forte chaque année... Comment faire pour rester au bon niveau de veille sans se jeter corps et âme sur le premier buzzword ?

Thomas : En appliquant la loi d'Amara (du nom de l'ancien président de l'Institut du Futur) qui a bien expliqué qu'on avait tendance à surestimer à court terme l'impact des nouvelles technologies et à le sous-estimer à long terme. C'est toujours aussi vrai. La technologie ou la dernière méthodologie à la mode ne sont que des outils au service de la stratégie marketing. Pour éviter les dispersions autour du dernier « shiny object » ou du dernier buzzword, nous recommandons une approche POST (People, Objective, Strategy, Technology) où la tech n'est que la dernière étape. Le tout, c'est de gérer les priorités pour ne pas disperser ses moyens et de faire preuve de bon sens.

Geoffrey : Quelle évolution anticipez-vous pour le rôle de CMO dans les 10 prochaines années et plus ?

Thomas : Comme évoqué, je ne pense pas que le rôle de CMO évolue fondamentalement dans les 10 prochaines années. Évidemment, il est très variable selon la taille de votre entreprise, son secteur et surtout la vision du marketing de votre CEO ou fondateur. Il n'y a pas grand-chose de commun entre un directeur marketing dans la grande consommation qui pilote le produit et le prix pour inventer un nouveau modèle économique ou entrer sur un nouveau marché, et un Head of Marketing chargé de générer des leads pour les équipes commerciales B2B...

Cela dit, il y a à mon avis deux tendances clés qui vont changer la donne : l'IA et la révolution écologique. L'automatisation des tâches et les gains de productivité avec l'IA iront bien au-delà de la création de contenu. L'IA permettra de détecter plus rapidement les intentions et le contexte du client pour personnaliser son expérience en la rendant à la fois plus invisible et plus immersive. C'est la fin des parcours où l'on force le client à naviguer sur un site web ou une application avec un chemin prédéterminé. Les nouvelles interfaces multimodales et le déploiement d'agents IA permettront de passer d'un monologue de la marque à une vraie conversation client sur le digital.

La révolution écologique exigera de mieux comprendre la société dans laquelle les consommateurs citoyens évoluent et les contradictions qui sont les leurs. De force ou de gré, nous allons passer d'une économie linéaire à une économie circulaire, et le rôle de la marque sera d'accompagner ses clients dans ce changement en les aidant à consommer mieux, pas forcément plus.

Geoffrey : Et du coup quelles seront les compétences clés du CMO ?

Thomas : De nouveaux métiers vont émerger qu'on ne connaît pas encore. Au-delà de la montée en compétences sur la data et la technologie, je pense que le CMO devra recruter davantage des profils curieux et ouverts qui maîtrisent les sciences comportementales et les techniques les plus avancées en CX. Il s'agit de mieux comprendre les émotions et la psychologie du consommateur. Il faudra aussi un regard critique et éthique plus développé pour apprendre à travailler avec des robots et savoir remettre en cause les biais de la machine. Enfin, je pense que les CMO vont devoir former leurs équipes aux enjeux environnementaux et à des méthodologies d'éco-conception et d'analyse du cycle de vie. Pour le reste, la créativité et la capacité à orchestrer l'offre avec le reste de l'organisation et avec des partenaires stratégiques resteront primordiales.

REMERCIEMENTS

Nous tenons à exprimer notre gratitude à tous ceux qui nous ont apporté leur aide précieuse dans l'organisation et la rédaction de cet ouvrage collaboratif, particulièrement Romain Roulleau chez Castorama – Kingfisher, Thomas Husson chez Forrester Research, Jean-Baptiste Sciandra chez Shine, Darine Bahouche et Charlotte Nowac chez Bulldozer, Louis-Christophe Thirion et Arnaud Courtel chez Hirondo. Un grand merci également aux équipes de Dunod pour leur soutien et professionnalisme.

87796 - (I) - CRB 90° - PCA - PRU
DUPLIPRINT
733, rue Saint-Léonard, 53100 MAYENNE
Dépôt légal : janvier 2025
N° 2995021G

Imprimé en France